VOLVER A LA NIÑEZ

Volver a la niñez es un libro que lo ayudará a recobrar al niño que usted lleva dentro y, con ello, a vivir plena y dichosamente.

Todos tenemos un niño interior, generalmente lastimado, al que es urgente reconocer, rescatar y proteger. Con esta terapia novedosísima, usted podrá identificar sus propias lastimaduras infantiles y transformarlas, hoy, en esperanza, reconciliación con su mundo y alegría de vivir.

Tenga la edad que tenga, con *Volver a la niñez* usted será dichoso, todos los días de su vida. Conozca a su niño interior herido, rescátelo mediante los ejercicios de este libro y dispóngase a ser feliz. Nunca es tarde para volver a la niñez.

JOHN BRADSHAW

VOLVER A LA NIÑEZ

SELECTOR
actualidad editorial

VOLVER A LA NIÑEZ
Homecoming: Reclaiming and Championing Your Inner Child

Traducción: Jorge Olmedo Luna

Copyright © 1990 by John Bradshaw
Publicado mediante acuerdo con Bantam Books, una división
  de Bantam Doubleday Dell Publishing Group, Inc.
D.R. © 1991, Selector, S.A. de C.V.
Mier y Pesado 128, Col. Del Valle, 03100 México, D.F.

Portada: Enrique Bretón

ISBN-13: 978-968-403-563-8
ISBN-10: 968-403-563-2

Cuadragésima Primera reimpresión Febrero de 2012

Contenido

Prólogo 7

Parte 1 19

Capítulo 1: Cómo su niño interior herido
contamina su vida 23
Capítulo 2: Cómo resultó herido su
maravilloso niño interior 47

Parte 2 67

Capítulo 3: Rescate del dolor original 75
Capítulo 4: Recobrando su yo infante 93
Capítulo 5: Recobrando su yo bebé 115
Capítulo 6: Recobrando a su yo de edad
preescolar 131
Capítulo 7: Recobrando su yo de edad escolar 145
Capítulo 8: Recobrando el control de una
nueva adolescencia 161

Parte 3   179

Capítulo 9: Usando a su adulto como nueva
   fuente de potencia   181
Capítulo 10: Dando a su niño interior nuevos
   permisos   197
Capítulo 11: Protegiendo a su niño interior
   herido   211
Capítulo 12: Poniendo en práctica ejercicios
   correctivos   219

Parte 4   251

Capítulo 13: El niño como símbolo universal
   de regeneración y transformación   253

Capítulo 14: El niño maravilloso como
   Imago Dei 267

Epílogo   293

Prólogo

YA SÉ LO QUE QUIERO REALMENTE PARA NAVIDAD. QUIERO QUE
ME REGRESEN MI NIÑEZ. NADIE ME VA A DAR ESO... YA SÉ QUE
NO TIENE SENTIDO, PERO ¿DESDE CUÁNDO LA NAVIDAD TIENE
SENTIDO? SE REFIERE A UN NIÑO HACE MUCHO TIEMPO Y MUY
LEJOS, AL IGUAL QUE UN NIÑO DEL AHORA. EN USTED Y EN MÍ.
ESPERANDO TRAS LA PUERTA DE NUESTROS CORAZONES, QUE
SUCEDA ALGO MARAVILLOSO.

ROBERT FULGHUM

Mientras caminaba entre los participantes de mis secciones de
terapia, estaba sorprendido por su intensidad. Cien personas en
grupos de seis o de ocho llenaban la habitación. Cada grupo se
bastaba a sí mismo, con sus miembros sentados cerca y susu-
rrándose unos a los otros. Era el segundo día de actividades y ya
había habido bastante interacción y comunicación. Sin embargo, estas personas habían sido totalmente ajenas entre sí cuando
comenzaron.

Me acerqué a un grupo. Escuchaban con arrebatada atención
a un hombre canoso. Él leía la carta que el niño en su interior le
había escrito a su padre.

Querido Padre:
Quiero que sepas cuánto me lastimaste. Me castigaste más
del tiempo que pasaste conmigo. Yo hubiera soportado los
moretones y las heridas, si tan solo me hubieras dedicado tiempo.

> Yo deseaba tu amor, más de lo que me atrevía a decirte. Si tan solo hubieras jugado conmigo o me hubieras pedido que te acompañara al estadio. Si tan solo hubieras dicho que me amabas. Yo deseaba importarte...

Puso sus manos sobre sus ojos. Una mujer a su lado empezó a acariciarle su cabello con ternura; un hombre más joven se estiró para tomar su mano. Otro hombre le preguntó si deseaba que lo abrazaran; el hombre canoso asintió.

Otro grupo estaba sentado en el piso. Todos abrazándose y formando un círculo. Una elegante anciana leía su carta:

> Madre, estabas muy ocupada con tus actos de caridad. Nunca tuviste tiempo para decirme que me amabas. Me prestabas atención solo cuando me enfermaba o cuando tocaba el piano y te hacía sentir orgullosa. Solo me dejaste tener los sentimientos que te complacían. Solo te importé cuando te daba satisfacciones. Nunca me amaste por mí misma. Estaba tan sola...

Su voz se rompió y empezó a llorar. La barrera de control que había mantenido cuidadosamente durante 70 años, comenzó a caer con sus lágrimas. Una muchacha la abrazó. Un joven le dijo que estaba bien llorar. La alabó por su valor.

Me dirigí a otro grupo. Un hombre ciego estaba leyendo una carta escrita en braille:

> Te odiaba porque te avergonzabas de mí. Me encerrabas en el garage cuando llegaban tus amigos. Nunca tuve lo suficiente para comer. Tenía mucha hambre. Sabía que me odiabas porque era una carga para ti. Te reías y me ridiculizabas cuando me tropezaba.

Tuve que apresurarme. Estaba sintiendo la ira residual del niño herido que hay en mi interior y deseaba llorar de rabia e indignación. La tristeza y la soledad de la niñez resulta abrumadora. ¿Cómo nos podemos recuperar de tanto dolor?

Sin embargo, al finalizar el día, la atmósfera había cambiado a una de paz y alegría. Las personas se acercaban unas a otras; algunos se tomaban de las manos; la mayoría sonreía mientras realizábamos el ejercicio final. Todos me agradecieron por ayudarles a encontrar al niño herido en su interior. El presidente de un banco que había ofrecido abierta resistencia al comienzo de la sesión, me dijo que había llorado por primera vez en 40 años. Cuando era niño, había sido golpeado cruelmente por su padre y había prometido nunca ser vulnerable o mostrar sus sentimientos. Ahora hablaba acerca de aprender a cuidar al niño solitario dentro de él. Su expresión se había suavizado y se veía más joven.

Al comienzo de la terapia, había animado a los participantes a dejar sus máscaras a un lado y mostrar lo que ocultaban. Les había explicado que cuando mantenían oculto al niño en su interior, éste contaminaba sus vidas con arranques de ira, reacciones exageradas, problemas conyugales, adicciones, paternidad inconveniente y relaciones dolorosas y nocivas.

Debo haber tocado un nervio, porque respondieron realmente. Los sentí tanto excitados como agradecidos, mientras me miraban abiertamente y sonriendo. Esta sesión terapéutica se realizó en 1983. En los años posteriores me fascinó cada vez más el poder curativo del niño en el interior de cada persona.

Hay tres cosas sorprendentes acerca de nuestra terapia: la velocidad con que cambia la gente; lo profundo de ese cambio; y la fuerza y creatividad resultantes cuando sanan las heridas del pasado.

Empecé a trabajar con el niño en mi interior hace más de 12 años, utilizando una meditación improvisada, con algunos de mis pacientes. Pero con esta meditación logré resultados dramáticos. Cuando la gente se puso en contacto con el niño en su interior, la experiencia le resultaba con frecuencia abrumadora. En ocasiones lloraban con intensidad. Después decían cosas como, "He estado esperando toda mi vida para que alguien me encontrara"; "Se siente como volver a su lugar de origen"; "Mi vida se ha transformado desde que encontré a mi niño".

Debido a esta respuesta, desarrollé toda una terapia para ayudar a la gente a encontrar y abrazar al niño en su interior. Esta terapia ha evolucionado durante los años, debido al diálogo que se realiza con los que participan en ella. Éste es el trabajo más poderoso que he realizado jamás.

La terapia se enfoca en ayudar a la gente a finiquitar su dolor no resuelto de la niñez —sufrimiento que resultó del abandono, abuso en todas sus formas, descuido de las necesidades de desarrollo elementales y los embrollos provocados por los problemas en los sistemas familiares.

En la terapia dedicamos la mayor parte del tiempo a sufrir las necesidades de desarrollo de la niñez que se vieron descuidadas. En esto también se basa la mayor parte de este libro Concentrarse en el desarrollo es la manera más completa y efectiva de sanar nuestras heridas emocionales. Creo que este enfoque de curar cada etapa del desarrollo, singulariza mi terapia.

Durante ella, escribo las dependencias normales de la niñez. Si esas necesidades no son satisfechas, tendemos a llegar a la edad adulta, con un niño herido en nuestro interior. Si se hubieran satisfecho las necesidades de la niñez, no nos hubiéramos convertido en "niños adultos".

Después de delinear las necesidades de una etapa particular, los participantes forman grupos. Por turnos se convierten en el objeto del trabajo, cada persona escucha mientras los otros expresan lo que él o ella necesitaba escuchar, en su etapa de infante, bebé, preescolar y así sucesivamente.

Dependiendo de los límites del tema, los miembros del grupo acarician, cuidan y validan el dolor de la niñez de cada persona. Cuando la persona escucha una frase que necesitaba escuchar, pero de la que careció durante la niñez, por lo general comienza a sollozar, ligera o intensamente. Algunos sufrimientos congelados comienzan a derretirse. Al final de la terapia, todos han realizado un poco del rescate de su dolor. La cantidad depende de la posición de una persona en el proceso curativo. Algunas ya han realizado bastante antes de acudir a la terapia; otras no han hecho nada.

Antes de terminar, a los participantes les proporciono una meditación para que abracen al niño en su interior. En ese momento muchas personas sienten una descarga de emoción intensa. Cuando los participantes dejan la terapia, los animo a que dediquen un poco de tiempo, diariamente, a dialogar con el niño en su interior.

Una vez que las personas han recuperado y cuidado al niño herido que vive en su interior la natural energía de este niño maravilloso comienza a surgir. Una vez que se integra, el niño que vive en el interior, se convierte en una fuente de regeneración y vitalidad. Carl Jung lo llamó el "niño maravilloso" —nuestro potencial innato para explorar, asombrarnos y ser creativos.

Esta terapia me ha convencido que el trabajar con el niño que vive en el interior de uno es la manera más rápida y poderosa de realizar cambios terapéuticos en la gente. Este efecto, casi inmediato, sigue sorprendiéndome.

Normalmente permanezco escéptico hacia cualquier tipo de alivio rápido, pero este trabajo parece comenzar un proceso de cambios duraderos. Opinando uno o dos años después de la experiencia, muchos participantes declaran que la terapia cambió sus vidas. Yo estaba agradecido, pero también confundido.

Realmente no sabía por qué el trabajo tenía tanto impacto en algunas personas y apenas afectaba a otras. Mientras buscaba la explicación, empezó a surgir una imagen.

Primero consulté la obra de Eric Berne, el genio creativo de *Tras el Análisis Transaccional.* Esta teoría enfatiza el "estado del ego del niño", con lo que se refiere al espontáneo niño natural que alguna vez fuimos. También describe las formas en que el niño natural se adaptó a las presiones de su inicial vida familiar.

El niño natural o maravilloso está presente cuando usted se encuentra a un viejo amigo; cuando se ríe a mandíbula batiente; cuando usted es creativo y espontáneo; cuando se sorprende ante un paisaje maravilloso.

El niño herido o adaptado está presente cuando usted se niega a pasarse una luz roja aunque esté obviamente descompuesta, o pasa de largo porque no hay nadie a la vista y piensa que no es importante. Otras actitudes de niño lastimado incluyen las explosiones de ira, el ser abiertamente educado y obediente, hablar con voz infantil, manipular y poner mala cara. En el Capítulo 1, especificaré las diversas formas en que el niño herido que vive en nuestro interior afecta a nuestra vida adulta.

Aunque he utilizado el análisis transaccional, como el modelo terapéutico básico en mi trabajo, nunca lo he enfocado a las diversas etapas de desarrollo que atraviesa el niño y a su adaptación para sobrevivir. Cualquier parte del desarrollo de nuestro niño maravilloso puede detenerse. Como adultos, podemos comportarnos de manera infantil; podemos hacer una regresión a las actitudes de un bebé; seguimos creyendo en la magia como un preescolar, y podemos enojarnos y retraernos, como un escolar que pierde en un juego. Todas estas conductas son infantiles y representan diversos niveles del desarrollo infantil obtenido. Con este libro me propongo ayudarle a recobrar al niño herido que vive en su interior, en cada etapa de su desarrollo.

Una influencia posterior sobre mi obra, fue la del hipnoterapeuta Milton Erickson, quien creía que cada persona tiene un mapa propio del mundo, una serie de creencias internas en su inconsciente, que constituye una especie de trance hipnótico. Utilizando sus hipótesis, yo desarrollé formas naturales de conectarme con el trance en el que ya estaban mis pacientes y utilizarlo para estimular su expansión y el cambio. Lo que no vi, hasta que empecé a realizar este trabajo, fue que el niño herido que está en nuestro interior es quien forma el sistema de creencias básico. Al hacer regresiones al niño que vive en nuestro interior, es posible cambiar las creencias básicas de manera directa y rápida.

El terapeuta Ron Kurtz ahondó mi comprensión de la dinámica de este trabajo. El sistema Kurtz, llamado terapia Haikomi, se enfoca directamente en el material básico. Este material es la manera en que nuestra experiencia interna queda organizada. Se compone de nuestros primeros sentimientos, creencias y recuerdos, la base que se formó en respuesta a las presiones en nuestro ambiente infantil. Este material básico no se apega a la lógica y es primitivo; fue la única manera en que un niño mágico, vulnerable, necesitado e ilimitado, aprendiera a sobrevivir.

Una vez que se forma este material, se convierte en el filtro por el que pasan todas las experiencias que adquirimos. Con esto se explica por qué algunas personas continuamente escogen la misma clase de relaciones destructivas; por qué algunos experimentan sus vidas como una serie de traumas reciclados; por qué muchos de nosotros no podemos aprender de nuestros errores.

Freud llamó a esta necesidad de repetir el pasado, la "compulsión por la repetición". La gran terapeuta moderna, Alice

Miller la llama la "lógica de lo absurdo". Es lógica cuando uno comprende cómo el material básico conforma nuestra experiencia. Es como cuando usted usa anteojos para el sol: no importa cuánta luz de sol haya realmente, siempre se filtrará de la misma manera. Si los anteojos son verdes, el mundo parecerá verde. Si son cafés, usted no apreciará los colores muy bien.

Por tanto, si deseamos cambiar, tenemos que cambiar nuestro material básico. Como fue el niño en nuestro interior el que organizó inicialmente nuestra experiencia, el hacer contacto con él es una manera de cambiar nuestro material inmediatamente.

Este trabajo es una importante herramienta terapéutica y es muy diferente de la terapia realizada en el pasado.

En este libro le ofreceré una nueva forma de ponerse en contacto, recobrar y cuidar al niño en su interior. Usted debe hacer la actividad sugerida si desea experimentar el cambio. Depende del adulto en usted, decidirse a hacer este trabajo. Aunque sea usted infantil, su yo adulto sabrá exactamente dónde está usted y qué está haciendo. El niño en su interior experimentará las cosas como las captó en la niñez, pero esta vez su yo adulto estará ahí para proteger y apoyar al niño, mientras termina asuntos importantes que no finalizó.

El libro tiene cuatro partes. La Parte 1 muestra cómo su niño maravilloso se confundió y cómo sus heridas siguen afectando su vida.

La Parte 2 lo hace recorrer cada etapa del desarrollo, mostrándole lo que necesitaba para desarrollarse de manera saludable.

La Parte 3 presenta ejercicios correctivos específicos para ayudar al niño en su interior a crecer y florecer; para enseñarle a otros adultos, formas de satisfacer algunas necesidades de sus niños y para forjar límites adecuados para el niño en su interior.

La Parte 4 muestra cómo su niño maravilloso surge, mientras sana el niño herido. Aprenderá cómo entrar en su niño maravilloso y verá cuál es la energía más creativa y transformadora que posee.

Asimismo, cuento mi propia historia. Cuando comencé con este trabajo, no podía imaginar las transformaciones en mi comportamiento y en mi pensamiento, resultantes del descubrimiento que hice de mi niño interior. Cuando era niño, con frecuencia me decía, "Cuando crezca y me vaya de aquí, todo se arreglará". Conforme pasaban los años, comprendí que las cosas no mejoraban; se ponían peor. Vi en otros miembros de mi familia, lo que no podía ver en mí mismo. Diez años después de que había obtenido una victoria sobre el alcoholismo, me di cuenta de que todavía me manejaban y era compulsivo.

Una lluviosa tarde experimenté lo que Alice Miller escribió acerca del niño que vive en su interior: "No me decido a abandonar a este niño solitario… He tomado una decisión que va a cambiar mi vida profundamente: permitir que el niño me conduzca". Ese día tomé la decisión de recobrar y cuidar al niño en mi interior. Lo hallé casi aterrorizado. Al principio no confió en mí, ni me acompañó. Solo insistiendo en mis esfuerzos para comunicarme con él y probándole que no lo abandonaría, empecé a ganar su confianza. En este libro describo las etapas de esa jornada que me permitió convertirme en el defensor y guardián de aquel niño en mi interior. Esa jornada ha cambiado mi vida.

PARÁBOLA

La doble tragedia de Rudy Revolvin
(Basado en *La extraña vida de Iván Osoki*, por P. D. Ouspensky).

Hubo una vez un hombre llamado Rudy Revolvin. Su vida fue dolorosa y trágica. Murió frustrado, y su alma fue a parar al valle de la obscuridad.

El Señor de la Obscuridad, viendo que Rudy era un adulto con un niño herido interior, estimó que podía acrecentar la obscuridad dando a Rudy la oportunidad de volver a vivir su vida. Sucede que el Señor de la Obscuridad tenía la misión de mantener la obscuridad, incluso de acrecentarla si podía. Dijo a Rudy que no dudaba que cometería *exactamente los mismos errores otra vez, y que sufriría exactamente la misma tragedia que antes.*

Después le informó a Rudy que tenía una semana para aceptar o rechazar su proposición.

Rudy reflexionó larga y profundamente. Era obvio para él que el Señor de la Obscuridad le estaba tendiendo una trampa. Naturalmente, volvería a cometer los mismos errores, porque no tendría los recuerdos de lo que había vivido en su vida anterior. Sin tales recuerdos no tendría manera de evitar sus errores.

Cuando finalmente compareció ante el Amo de la Obscuridad, rechazó la oferta.

El Señor de la Obscuridad, conociendo el "secreto" del niño

interior herido, no se desanimó por la negativa de Rudy. Le hizo saber que contrariamente a su política, se le permitiría a Rudy recordar todo lo relativo a su vida pasada. El Señor de la Obscuridad sabía que aunque Rudy tuviera esos recuerdos, volvería a cometer los mismos errores y tendría que vivir de nuevo su vida dolorosa.

Rudy se alegró. —Finalmente —pensó—, tengo una verdadera oportunidad. Rudy no sabía nada del "secreto" del niño interior herido.

Ciertamente, aunque conoció con anticipación en forma detallada cada desastre que antes había causado, repitió su dolorosa y trágica vida. ¡El Señor de la Obscuridad quedó complacido!

PARTE

1

EL PROBLEMA DEL NIÑO INTERIOR HERIDO

El conocimiento iluminó recámaras olvidadas en la casa obscura de la infancia. Ahora sabía por qué en ocasiones me sentía *nostálgico hallándome en casa*.

G. K. Chesterton

INTRODUCCIÓN

Buckminster Fuller, uno de los hombres más creativos de nuestro tiempo, gustaba de citar el poema de Christopher Morley acerca de la infancia:

El poema más grande conocido
es uno que han vivido todos los poetas:
La poesía innata, no expresada
De tener solamente cuatro años de edad.

Aun lo bastante joven para ser parte
del gran corazón impulsivo de la naturaleza,
Nacido amigo de ave, bestia y árbol
Y tan tímido como una abeja...

Y, sin embargo, con adorable razón,diestro
para edificar cada día un nuevo paraíso
alborozado explorador de cada sentido,
¡Sin desmayar, sin fingir!

En tus ojos transparentes sin mácula
no hay conciencia, no hay sorpresa;
Aceptas los raros acertijos de la vida,
Conservando aún tu extraña divinidad...

Y la vida, que pone en rima todas las cosas,
también puede hacer de ti un poeta, con el tiempo;
Pero hubo días, ¡oh! tierno diablillo,
En que fuiste poesía en sí.

¿Qué le ocurre a este maravilloso comienzo en el que todos somos "poesía en sí"? ¿Cómo se convierten.todos esos pequeños traviesos en asesinos, drogadictos y delincuentes sexuales, crueles dictadores, o políticos moralmente degenerados? Los vemos a todos alrededor de nosotros: tristes, temerosos, titubeantes, ansiosos y deprimidos, llenos de anhelos indescriptibles. Sin duda, esta pérdida de nuestro potencial humano innato es la tragedia más grande de todas.

Mientras más sepamos cómo perdimos nuestra espontánea brillantez y creatividad, más podremos hallar maneras de recobrarlas. Hasta podremos ser capaces de hacer algo para evitar que en el futuro le suceda esto a nuestros hijos.

CAPÍTULO 1

Cómo su niño interior herido contamina su vida

La persona... aquejada por una vieja pena dice cosas que no son pertinentes; hace cosas que no dan resultado; no puede hacer frente a los problemas, y soporta terribles sensaciones que no tienen nada que ver con el presente.

Harvey Jackins

No podía creer que yo pudiera actuar de manera tan infantil. Tenía 40 años de edad y había rabiado y gritado hasta que mi esposa, mis hijastros y mi hijo se aterrorizaron. Entonces abordé mi automóvil y me alejé de ellos. Después me encontré allí sentado, solo, en un motel a la mitad de nuestras vacaciones en la Isla Padre. Me sentía muy solo y avergonzado.

Cuando intenté analizar los sucesos que precedieron a mi partida, no pude sacar nada en claro. Estaba confundido. Fue como despertar de una pesadilla. Más que nada, deseaba que mi vida familiar fuera agradable, amorosa y sincera. Pero éste era el tercer año en que había yo estallado en nuestras vacaciones. En otras ocasiones ya había yo perdido el control, pero nunca antes me había alejado de mi familia.

Era como si hubiera entrado en un estado de conciencia alterado. ¡Dios mío, cómo me odié! ¿Qué pasaba conmigo?

El incidente en la Isla Padre ocurrió en 1976, un año después de la muerte de mi padre. Desde entonces conocí las causas que provocaban mis arrebatos de ira. Estando solo y avergonzado en ese miserable cuarto de motel, empecé a tener vívidos recuerdos de mi infancia. Recordé aquella víspera de Navidad; tenía alrededor de 11 años de edad y estaba en mi cuarto con las luces apagadas y la cabeza cubierta con cobertores y me rehusaba a hablar con mi padre. Había llegado a casa tarde, un poco ebrio. Lo quería castigar por arruinar nuestra celebración de la Navidad. No podía expresar lo que sentía porque me habían enseñado que era pecado hacer tal cosa, especialmente a mis padres. Con los años mi ira se enconó en mi alma y se convirtió en rabia. La mayor parte del tiempo la guardé celosamente. Yo era un sujeto simpático. El padre más agradable que hubiera existido, hasta que no pude soportarlo más. Entonces me convertí en Iván el Terrible.

Comprendí que esa conducta surgida en las vacaciones era una *regresión espontánea*. Cuando me enfurecía y castigaba a mi familia abandonándola, regresaba yo a mi infancia, cuando me había tragado mi ira y la había expresado de la única manera que podía hacerlo un niño: con el silencio y el retiro. Ahora, ya de adulto, después de un desahogo emocional o alejamiento físico, me sentía como el solitario y avergonzado niño que había sido.

Ahora lo entiendo, cuando el desarrollo de un niño se frustra, cuando los sentimientos se reprimen, especialmente la ira y el dolor, ese pequeño se convertirá físicamente en un adulto, pero en su interior permanecerá ese niño airado y herido. Ese niño interno contaminará espontáneamente la conducta de la persona adulta.

Al principio podría parecer absurdo que un niño pudiera seguir viviendo en un adulto. Sin embargo, eso es precisamente lo que estoy sugiriendo. Creo que este descuidado niño herido que se aloja en el alma del adulto es una fuente importante de dolor humano. Hasta que reclamemos y defendamos a ese niño, seguiremos alterando y contaminando nuestras vidas adultas.

Describiré a continuación algunas de las formas en que ese niño herido contamina nuestras vidas. (Al final del capítulo encontrará usted un cuestionario que le ayudará a determinar cuán gravemente fue herido su niño interior.)

Codependencia

Se puede definir a la codependencia como una enfermedad caracterizada por una *pérdida de identidad*. Ser codependiente significa estar alejado de los sentimientos, necesidades y deseos de uno. Considérense los siguientes ejemplos: El novio de Elisa le comenta a ésta sobre sus dificultades en el trabajo. Esa noche la joven no puede dormir porque le preocupa el problema por el que atraviesa *él*. Siente en carne propia las *emociones* que experimenta su novio.

Cuando después de seis meses la novia de Maximiliano terminó sus relaciones con éste, él sintió deseos de suicidarse. Creía que solo si ella lo amaba él valía algo. En realidad Maximiliano carecía de autoestima. Se valoraba a sí mismo por lo que otros pensaban de él, lo cual lo hacía ser dependiente de otras personas.

Jacobo tiene 52 años de edad. Acude en busca de consejo profesional porque tiene una aventura desde hace dos meses con su secretaria, de 26 años. Jacobo dice no saber cómo ocurrió esto. Es una persona destacada en su iglesia y miembro respetado del Comité para la Salvaguardia de la Moral. Encabezó la lucha contra la pornografía en su ciudad. Actualmente participa como actor en un evento religioso. Pero al cabo de algunos años de represión activa, su impulso sexual lo domina ahora.

Bernardo toma muy a pecho la obesidad de su esposa. Ha restringido en mucho su vida social porque le incomoda que sus amigos vean a su cónyuge. Bernardo no sabe dónde termina él y dónde comienza su esposa. Piensa que su masculinidad se juzgará por la forma en que luce su esposa.

En los casos anteriores encontramos a personas que dependen de algo externo a ellos para tener una identidad. Son ejemplos de codependencia.

La codependencia se origina en ambientes familiares poco saludables. Por ejemplo, todos los miembros de la familia de un alcohólico se convierten en codependientes de la forma de beber de éste. Como ese vicio amenaza a cada miembro de la familia, se adaptan a la situación permaneciendo en constante alerta. De hecho, la adaptación a la tensión debería ser un estado temporal. Pero en realidad tiende a volverse crónica. Con el tiempo, una persona que vive con la angustia crónica de la conducta alcohólica pierde contacto con sus propios sentimientos, necesidades y deseos.

Los niños necesitan seguridad y una orientación positiva de las emociones para entender sus propias señales interiores. También requieren ayuda para aprender a separar sus pensamientos de sus sentimientos. Cuando el ambiente familiar está lleno de violencia (química, emocional, física o sexual), el niño debe concentrarse solamente en su entorno. Con el tiempo su habilidad para valorarse a sí mismo se pierde. Sin una vida interior saludable, uno se exilia intentando hallar satisfacción en el exterior. Esto es codependencia, y es un síntoma de la existencia de un niño herido en el interior de una persona. La conducta codependiente indica que no fueron satisfechas las necesidades de la infancia de la persona, y por lo tanto ella no puede saber quién es.

Conductas ofensivas

Pensamos que todas las personas que poseen un niño herido en su interior son agradables, calladas y sufridas. Pero, de hecho, ese niño herido que llevan en su alma es responsable de mucha de la violencia y crueldad imperantes en el mundo. Hitler fue crónicamente golpeado en su infancia; fue humillado por su sádico padre, quien era el hijo bastardo de un terrateniente judío. Hitler reprodujo la forma más extremada de esa crueldad en millones de personas inocentes.

Me viene a la memoria mi cliente Dawson. Cuando me consultó acerca de un problema en su matrimonio, él trabajaba como guardia en un cabaret. Me comentó que a principios de la semana le había fracturado la quijada a un individuo. Describió apasionadamente cómo el hombre se había comportado como un bravucón y lo había *obligado* a hacerlo. Los agresivos no aceptan la responsabilidad de su conducta.

A través de su relato, pude observar que a menudo Dawson se sentía verdaderamente asustado. Cuando experimentaba miedo evocaba recuerdos de su infancia. Su padre había sido un ser violento y abusivo con él. Como el niño pequeño de mucho tiempo atrás, cuando temblaba ante la ira de su brutal padre, perdía toda la seguridad en sí mismo. Así, Dawson se identificaba con las actitudes de su padre. *Se convertía* en su progenitor, infligiendo a otros las mismas heridas que éste le había causado a él.

La conducta ofensiva, la principal fuente de destrucción humana, es el resultado de la violencia padecida en la infancia y del sufrimiento y dolor experimentados por esa situación. El otrora niño herido e impotente se convierte en el adulto ofensor. Es necesario comprender que cuando un pequeño es objeto de cualquier tipo de abuso en realidad se le está preparando como un ser ofensivo. El psiquiatra Bruno Bettelheim acuñó una frase para este proceso: la llamó "identificándose con el ofensor". La violencia física, sexual o emocional es tan aterrorizante que el niño pierde su identidad cuando sufre un abuso. Para sobrevivir al dolor, el niño se identifica con el ofensor.

Si bien la mayor parte de la conducta ofensora tiene su origen en la infancia, no siempre es el resultado de la violencia. Algunos seres ofensivos fueron "echados a perder" por sus padres complacientes y consentidores, que les hicieron sentirse *superiores* a los demás. Esos niños consentidos creyeron que merecían un trato especial de parte de todos y que lo que ellos hacían era siempre lo adecuado. Perdieron todo sentido de responsabilidad, pensando que sus problemas eran siempre causados por otros.

Desórdenes narcisistas

Todo niño necesita sentirse amado incondicionalmente, cuando menos al principio de su vida. Si no puede verse reflejado en su padre, el niño no tendrá la manera de saber quién es él. Cada uno de nosotros fue un *nosotros* antes de convertirnos en un *Yo*. Necesitábamos un rostro-espejo que reflejara todas las partes de nosotros. Necesitábamos saber cuánto importábamos, qué nos tomaban en serio, qué parte de nuestro ser era aceptada y merecedora de cariño. También necesitábamos saber que podíamos depender del amor de nuestros padres. Éstas fueron nuestras saludables necesidades narcisistas. Si no fueron satisfechas, nuestro sentido de YO SOY resultó perjudicado.

El niño despojado de su narcisismo posteriormente contaminará al adulto con un insaciable afán de amor, atención y
afecto. Las demandas de ese niño que vive en su interior sa-
botearán sus relaciones de adulto, porque no importa cuánto
amor se le dé, nunca será suficiente. El adulto, despojado cuando
niño de su narcisismo, no puede ver satisfechas sus necesidades
porque realmente son necesidades de un niño. Y los niños *necesitan a sus padres todo el tiempo*. Sienten esta necesidad por
naturaleza, no por elección. Las necesidades del niño son de
dependencia, es decir, necesidades que deben ser satisfechas
por otros. Solo si se lamenta la pérdida, llegará la curación. Si
esto no sucede, el niño buscará vorazmente el amor y la
estimación que él o ella no tuvieron en su infancia.

Las necesidades de los adultos despojados de su narcisismo
en su infancia asumen varias formas:

- Una relación tras otra les causa desilusión.

- Siempre buscan al amante perfecto que satisfaga todas sus
  necesidades.

- Se vuelven adictos. (Las adicciones son un intento por
  llenar el vacío que existe en la psique del individuo. Las
  adicciones al sexo y al amor son ejemplos destacados.)

- Luchan por objetos materiales y dinero porque ellos les
  proporcionan la sensación de ser valiosos.

- Se convierten en actores o en atletas porque necesitan la
  constante adulación y admiración de su público.

- Utilizan a *sus propios hijos* para satisfacer sus necesidades.
  (En su fantasía, sus hijos nunca los dejarán y siempre los
  amarán respetarán y admirarán.) Tratan de obtener de sus

hijos el amor y admiración especial que no pudieron lograr de sus padres.

Cuestiones de confianza

Cuando los padres o tutores no inspiran seguridad, se desarrolla en los niños un profundo sentido de desconfianza. El mundo parece un lugar peligroso, hostil, impredecible. Por tanto, el niño debe estar siempre alerta y tener todo bajo control. Piensa que "si yo *lo controlo* todo entonces nadie me podrá sorprender descuidado y lastimarme".

El control se convierte en adicción. Un cliente mío temía tanto perder el control de sus actividades, que trabajaba cerca de 100 horas a la semana. No podía delegar autoridad, porque no confiaba en que otros hicieran su trabajo. Acudió a mí cuando su colitis ulcerativa se agravó tanto que tuvo que ser hospitalizado.

Otra cliente mía estaba perturbada porque su esposo le había pedido el divorcio. Todo se había desencadenado cuando ella cambió el teléfono que él había instalado en su automóvil. Su marido se quejó de que no importaba lo que él tratara de hacer por ella: nunca lo hacía bien. Siempre ella tenía que alterar lo que él había hecho. En otras palabras, ella no estaba satisfecha a menos que las cosas se hicieran a su modo.

La locura por controlar todo causa severos problemas. No hay manera de intimar con un compañero que desconfía de uno. La intimidad exige que cada cónyuge acepte al otro tal como es.

Lo primero que debemos aprender en la vida es que los otros (mamá, papá, el mundo exterior) son dignos de confianza. Si podemos confiar en el mundo, seremos capaces de aprender a confiar en nosotros mismos.

Conductas de representación exterior/ representación interior

Representación exterior

Para comprender cómo el niño herido que se aloja en nuestro interior actúa para satisfacer necesidades pendientes desde la infancia y traumas no resueltos, tenemos que entender que *la principal fuerza motivadora en nuestras vidas es la emoción.* Las emociones son el combustible que nos mueve a defendernos y a satisfacer nuestras necesidades básicas. La energía es fundamental. Nuestra ira nos impulsa a defendernos. Con ira protegemos y luchamos por nuestros derechos.

El miedo nos orilla a huir ante el peligro. El miedo nos permite discernir; nos protege del peligro; nos impulsa a correr y buscar refugio.

La tristeza nos hace llorar. Las lágrimas nos ayudan a aliviar nuestro dolor. Con la tristeza lamentamos nuestras pérdidas y liberamos nuestra energía para utilizarla en el momento presente. Cuando no podemos lamentarnos, no podemos acabar con el pasado. Toda la energía emocional relacionada con nuestra pena o trauma se congela, aunque continuamente trata de liberarse a sí misma. Como esta energía no se puede expresar de una manera natural, se manifiesta en conducta anormal. A esto se le llama "representación exterior". Mi excliente Maggie nos brinda un buen ejemplo de representación exterior.

Maggie vio a su padre, un iracundo y violento alcohólico, abusar verbal y físicamente de su madre. Esta escena se repitió de manera constante durante toda su infancia. Desde los cuatro años de edad Maggie fue el consuelo de su madre. Después de ser golpeada por su esposo, su madre se metía a la cama con

Maggie. Sollozante y temblorosa, se abrazaba a la pequeña. Esto aterrorizaba a Maggie. Cualquier violencia contra un miembro de la familia aterroriza a los demás miembros. *Un testigo de la violencia es una víctima de la misma.*

En su infancia, Maggie no pudo expresar su terror y descargar su tristeza. No existía alguien a quien acudir en busca del consuelo necesario para resolver su pena contenida. Conforme crecía, ella deseaba encontrar a algún hombre o mujer que pudiera ofrecerle el amor que sus padres no supieron darle. Cuando se decidió a consultarme, ya había pasado por dos brutales matrimonios y muchas otras relaciones anormales. ¿Y cuál era su profesión? Era consejera especializada en casos de *¡mujeres víctimas de abuso!*

Maggie reproducía el trauma de su infancia. Se ocupaba de mujeres víctimas de abusos y entraba en relación con hombres abusivos. Ella atendía a infinidad de personas, pero nadie se ocupaba de ella. Su energía emocional contenida desde la infancia la expresaba de la única manera que podía: "representándola".

La representación es una de las maneras más devastadoras con que el niño herido, que llevamos en nuestro interior, sabotea nuestras vidas. La historia de Maggie brinda un ejemplo dramático de la compulsión por evocar el pasado.

Otras actitudes clásicas de la conducta reproductora de los abusos sufridos en el pasado son:

- Reproducir la violencia en otros.

- Hacer o decir a nuestros hijos lo que dijimos que nunca diríamos o haríamos.

- Experimentar regresiones espontáneas: berrinches, rabietas, etcétera.

- Ser inapropiadamente rebelde.
- Aplicar reglamentos paternos idealizados.

Representación interior

Reproducir en *nosotros mismos* los abusos sufridos en el pasado se denomina "representación interior". Nos castigamos a nosotros mismos en la forma en que nos reprimían en la infancia. Conozco a un hombre que se castiga a sí mismo siempre que comete un error. Se llena de críticas tales como: "Idiota, cómo puedes ser tan torpe". En varias ocasiones lo he visto golpearse en la cara con su puño (su madre lo golpeaba en el rostro con el puño cuando él era niño).

La emoción que no se liberó en el pasado a menudo se vuelve contra uno. Por ejemplo, a José nunca le permitieron expresar su ira cuando era niño. Sentía mucha rabia contra su madre porque ésta nunca le permitía hacer nada solo. Cuando empezaba a hacer algo, llegaba ella y le decía algo parecido a: "Mamá necesita ayudar a su pequeño perezoso", o "Lo estás haciendo bien, pero mamá te ayudará". José relató que aun siendo adulto, ella hacía cosas por él. José aprendió a ser obediente y desde pequeño supo que expresar la ira era pecado. De este modo, José encauzó hacia su interior toda la rabia que generaba. El resultado fue que se sentía deprimido, apático, inepto e incapaz de realizar las metas de su vida.

La energía emocional que no fluye hacia el exterior puede causar graves problemas físicos, incluyendo desórdenes intestinales, dolores de cabeza, dolor de espalda, de cuello y severa tensión muscular, artritis, asma, ataques cardiacos y cáncer. Ser propenso a los accidentes es otra forma de representación interior. Uno se inflige castigo a sí mismo mediante los accidentes.

Creencias mágicas

A los niños les agrada lo mágico. Se piensa que la magia, a través de ciertas palabras, gestos o conductas, puede transformar la realidad. Padres equivocados a menudo refuerzan el pensamiento mágico de sus hijos. Por ejemplo, si usted le asegura a los niños que su conducta es directamente la responsable de los sentimientos de otra persona, les está usted enseñando pensamientos mágicos. Algunas frases comunes de este tipo son: "Estás matando a tu madre"; "Mira lo que has hecho... has incomodado a tu madre"; "¿Estas satisfecho? Has enfadado a tu padre".

Recuerdo a una cliente que se había casado cinco veces antes de cumplir los 32 años. Ella pensaba que el matrimonio solucionaría todos sus problemas. Si encontraba al hombre "adecuado", todo estaría bien. Ésa es una creencia mágica. Implica que un suceso o persona puede alterar su realidad sin que ella haga nada por cambiar su conducta.

A las niñas pequeñas les enseñan que los cuentos de hadas están llenos de magia. La Cenicienta aprendió que debía esperar en la cocina a un sujeto que llevaría el zapato apropiado. Blancanieves sabía que si esperaba lo suficiente, su príncipe llegaría. Literalmente, este cuento insinúa a las mujeres que su destino depende de que un necrófilo (alguien a quien le gusta besar gente muerta) pase por el bosque en el momento oportuno. ¡No es una perspectiva agradable!

Disfunciones de la intimidad

Muchos adultos que albergan en su interior frustraciones infantiles se mueven entre el miedo al abandono y el temor a quedar entrampados. Algunos están permanentemente aislados por su miedo a ser agobiados por otra persona. Otros se niegan a dejar uniones nocivas por su terror a estar solos. La mayoría fluctúa entre los dos extremos.

González posee su propio sistema para relacionarse. Este consiste en enamorarse locamente de una mujer. Una vez que logra intimar empieza a distanciarse de ella. Para ello reúne poco a poco una "relación de errores". Esos errores generalmente son pequeñas alteraciones de la conducta o del carácter. González propicia pequeñas riñas alrededor de esas conductas. Su compañera por lo común se enoja y se aleja uno o dos días. Luego se reúnen y hacen el amor apasionadamente, experimentando profunda intimidad. Esta situación perdura hasta que González se siente otra vez abrumado e inicia otra pelea, provocando el distanciamiento.

Elena, de 46 años, no ha salido con ningún hombre en 15 años. Su "verdadero amor" falleció en un accidente automovilístico. Ella afirma que cuando él murió prometió no tocar nunca más a otro hombre por lealtad a su novio. En realidad, Elena solo fue su novia durante tres meses. En su vida adulta nunca se ha acostado con ningún hombre. Su única experiencia sexual la vivió en su infancia cuando su padrastro abusó de ella durante cinco años. Elena ha erigido paredes de acero alrededor de su niño herido que posee en su interior. Utiliza el recuerdo de su novio fallecido como defensa para no intimar con nadie.

El padre de Gladys nunca estaba en casa. Su adicción al trabajo se había adueñado de su vida. Su ausencia hizo que Gladys creara un padre de fantasía. Actualmente se halla en su tercer matrimonio. Debido a que sus ideas acerca de los hombres son irreales, ningún hombre ha satisfecho sus esperanzas.

Muchos niños saben que al nacer causaron un desengaño a sus padres: el padre deseaba un niño y nació una niña; mamá quería una niña y dio a luz un varoncito. El niño llega a sentirse avergonzado de su género, lo cual más adelante puede provocar una actitud sexual sumisa.

Los niños víctimas de desprecio y humillación paternal a menudo adoptan conductas sexuales sadomasoquistas. La madre de Julio, víctima de incesto que no recibió atención profesional, nunca pudo deshacerse de la ira motivada por ese abuso. Julio se vinculó con ella y absorbió su rabia contra los hombres. Posteriormente se convirtió en un ser morboso. Es dueño de una extensa colección de libros y videos pornográficos. Se excita al imaginarse despreciado y humillado por una mujer dominante del tipo de su madre.

Los niños requieren de una orientación adecuada para dominar cada etapa de su desarrollo. Si el niño no puede satisfacer sus necesidades de su edad, quedará detenido en esa etapa. Los niños que no satisfacen las necesidades de su infancia pueden adquirir fijación en el placer oral.

Los niños que han visto frustrado su desarrollo cuando empiezan a caminar a menudo se sienten fascinados por los glúteos. Esa fascinación por una parte genital se llama "objetivación sexual" y reduce a las demás personas a objetos sexuales.

La objetivación sexual es el azote de la verdadera intimidad. Ésta requiere de dos personas sanas que se valoren mutuamente como individuos. Muchas parejas codependientes se enfrascan en relaciones sexuales intensamente objetivadas y morbosas. Es la única forma en que sus niños heridos, que llevan dentro de sí, se sienten enlazados.

Conductas no disciplinadas

La palabra disciplina proviene del latín *disciplina*, que significa "enseñanza". Al disciplinar a los niños les enseñamos a vivir más productiva y amorosamente. Como ha dicho M. Scott Peck, la disciplina es una manera de reducir el sufrimiento de la vida. Aprendemos que decir la verdad, posponer la gratificación, ser honrados con nosotros mismos y ser responsables puede acrecentar los goces y placeres de la vida.

Los niños necesitan padres que sean modelos de autodisciplina. Aprenden de lo que realmente hacen sus padres; no de lo que *dicen* que hacen. Cuando los padres dejan de ser modelos de disciplina, el niño se convierte en indisciplinado; cuando los padres aplican la disciplina rígidamente, el niño se vuelve sobredisciplinado.

El niño indisciplinado haraganea, es reticente, se niega a aplazar la gratificación, se rebela, es voluntarioso y terco, y actúa impulsivamente sin pensarlo. El niño sobredisciplinado es rígido, obsesivo, sobrecontrolado y obediente, complaciente con la gente y devastado por la vergüenza y la culpa. Sin embargo, la mayoría de nosotros, que poseemos en nuestro interior un niño herido, fluctuamos entre la conducta indisciplinada y sobredisciplinada.

Conductas adictivas-compulsivas

El niño herido que subyace en nosotros es causa importante de una conducta adictiva. Yo me convertí en alcohólico desde muy joven. Mi padre, también alcohólico, me abandonó física y emocionalmente cuando yo era un niño. Sentía que yo no valía nada, porque él nunca estuvo presente y yo no tuve un modelo de conducta a seguir; nunca me vinculé con él, nunca experimenté lo que era ser amado y apreciado por un hombre. Por lo tanto, nunca me amé a mí mismo verdaderamente *como hombre*.

En mi adolescencia me relacionaba con otros muchachos que no tenían papá. Bebíamos licor y nos divertíamos con prostitutas para demostrar nuestra hombría. De los 15 a los 30 años, bebí y consumí drogas. El 11 de diciembre de 1965 dejé de tomar y de consumir drogas. No obstante conservé mi conducta adictiva. Fumaba, trabajaba y comía compulsivamente.

No dudo que me haya convertido en alcohólico debido a mi herencia genética. Existen amplias evidencias de que el alcoholismo es una alteración de origen genético. Pero el factor hereditario no es suficiente para explicar este fenómeno. De ser así, todos los hijos de alcohólicos serían también alcohólicos. Obviamente, éste no es el caso. Tengo un hermano y una hermana que no son alcohólicos. He pasado 25 años trabajando con alcohólicos y drogadictos. Este lapso incluye 15 años de trabajo con adolescentes adictos a las drogas. Nunca conocí a una persona adicta exclusivamente a sustancias químicas, pese al hecho de que algunas de éstas provocan adicción rápidamente. Fui testigo de cómo los adolescentes se envician con el "crack" en solo dos meses. El factor común que siempre encontré en ellos fue el niño herido que llevaban dentro de ellos mismos. Es la inevitable raíz de toda conducta compulsiva-adictiva. Lo comprobé cuando dejé de ser un adicto de la bebida.

Comía, trabajaba y fumaba cumpulsivamente, debido a las necesidades insaciables del niño herido que padecía en mi interior.

Si advertimos que nuestro niño herido está detrás de la conducta compulsiva-adictiva, podemos analizar la adicción en un contexto mucho más amplio. Una adicción tiene una relación patológica con cualquier forma de alteración del humor que tenga consecuencias perjudiciales para la vida. Las adicciones a todo lo que se pueda *ingerir* son las que más dramáticamente alteran el humor. El alcohol, las drogas y los alimentos tienen un inherente potencial químico que provoca la alteración del humor.

Pero existen diversas maneras en que los sentimientos pueden ser transtornados. Me gusta hablar de las adicciones a la *actividad*, al *conocimiento*, a los *sentimientos* y la adicción a los objetos.

Las conductas adictivas incluyen el trabajo, ir de compras, el juego, el sexo y los rituales religiosos. De hecho, cualquier actividad puede utilizarse para alterar los sentimientos. Las actividades alteran los sentimientos porque *distraen*.

Las actividades cognoscitivas son una manera poderosa de evitar los sentimientos. *Pensar* puede ser una manera de eludir los sentimientos. Todas las adicciones tienen un componente racional que se llama obsesión.

Los sentimientos mismos pueden ser adictivos. Yo fui adicto a la ira durante varios años. La ira disfrazaba mi dolor y vergüenza. Cuando rabiaba, me sentía fuerte y poderoso; más que vulnerable e impotente.

Probablemente todo el mundo conoce a alguien adicto al miedo. Los adictos al miedo tienden a ver catástrofes y desastres por todas partes. Siempre estan preocupados y vuelven locas a otras personas.

Algunos son adictos a la tristeza y/o a las penas. Parecen no sentirse tristes; *son* tristes. Para un adicto a la tristeza, ésta se convierte en su propia forma de ser.

Las personas que más me atemorizan son los adictos a la alegría. Son los niños buenos obligados a sonreír y estar alegres. Es como si la sonrisa se hubiera congelado en su rostro. Los adictos a la alegría nunca ven nada mal. Sonríen mientras le dicen a usted que su madre falleció. ¡Es pavoroso!

Los objetos también pueden crear adicciones. El dinero es la "cosa" más común. Sin embargo, cualquier objeto puede convertirse en una preocupación y, por lo tanto, en una fuente de alteración del humor.

En el fondo de la mayoría de las adicciones, no importa qué factores genéticos intervengan, se encuentra el niño herido de la infancia, quien constantemente anhela la satisfacción de sus necesidades. No se requiere estar mucho tiempo junto a un adicto para observar esa conducta en él.

Distorsiones del pensamiento

El gran psicólogo del desarrollo Jean Piaget llamó a los niños "extraños cognoscitivos". No piensan como los adultos.

Los niños son absolutistas. Esta cualidad del pensamiento infantil se manifiesta por una polaridad de "todo o nada". Si no me amas, me odias. No hay términos medios. Si mi padre me abandona, *todos los hombres me abandonarán*.

Los niños no son lógicos. Esto se pone de manifiesto en lo que se ha denominado "razonamiento emocional". Me siento de cierta manera, por lo tanto las cosas deben ser así. Si me siento culpable, debo ser una mala persona.

Los niños necesitan ejemplos saludables para aprender a separar el pensamiento de la emoción: pensar en los sentimientos y sentir el pensamiento.

Los niños piensan egocéntricamente, por ello personalizan todo. Si mi papá no tiene tiempo para atenderme debe ser porque no soy bueno, porque hay algo mal en *mí*. Los niños interpretan así la mayoría de los abusos que sufren. La egocentricidad es una condición natural de la infancia, no un indicio de egoísmo moral. Los niños no son plenamente capaces de considerar el punto de vista de otras personas.

Cuando los niños no aprenden a separar los pensamientos de las emociones, al convertirse en adultos utilizan el pensamiento para evitar emociones dolorosas. Separan sus cabezas de sus corazones, por así decirlo.

No es difícil encontrar ejemplos de pensamiento egocéntrico. Recientemente en un avión escuché a una señora confesarle a su esposo que siempre había deseado viajar a Australia. El hombre contestó airado: —¡Qué demonios esperas de mí! ¡Me mato trabajando!— El niño herido que él posee en su interior creyó que ella lo juzgaba por no tener la capacidad económica para satisfacerle su deseo.

Vacío (apatía, depresión)

El niño herido de la infancia también contamina la vida adulta con una ligera depresión crónica experimentada como vacío. La depresión es el resultado de que el niño tenga que adoptar un yo falso, dejando atrás su verdadero yo. Este abandono del verdadero ser equivale a dejar un hueco en el interior de uno mismo. Me he referido a esto como el fenómeno del "agujero en el alma". Cuando una persona pierde su yo auténtico, pierde contacto con sus verdaderos sentimientos, necesidades y deseos. Lo que experimenta, en cambio, son los sentimientos requeridos por el falso yo. Por ejemplo, "ser decente" es un componente común del falso yo. Una "mujer decente" nunca expresa ira o frustración.

Tener un falso yo es actuar la vida. El verdadero yo de uno nunca está presente. Una persona en recuperación lo describió de está manera: "Es como si estuviera tras bambalinas viendo pasar la vida".

Sentirse vacío es una forma de depresión crónica, ya que uno siempre sufre por la desaparición de su verdadero yo. Todos los adultos padecen depresión crónica en cierto grado.

El vacío también aparece en la forma de apatía. Como consejero, a menudo escucho a los adultos quejarse de que sus vidas no tienen significado, y no pueden entender por qué a otras personas les entusiasman todas las cosas.

Cuando nuestro niño interior está herido nos sentimos vacíos y deprimidos. La vida es irreal; estamos allí, pero no participamos de ella. Este vacío conduce a la soledad. Como nunca somos en realidad nosotros, nunca estamos verdaderamente presentes. Y aunque la gente nos admire y se aferre a nosotros, nos sentimos solos. Yo me sentí así la mayor parte de mi vida. Siempre me las arreglé para ser el líder del grupo al que perteneciera. Tenía gente a mi derredor, admirándome y elogiándome. Sin embargo, nunca me sentí verdaderamente vinculado a alguno de ellos.

Para ayudarlo a determinar el daño que el niño herido que subyace en su interior le está causando, conteste con *sí* o *no* las siguientes preguntas.

Cuestionario del niño herido

Las preguntas de esta sección permitirán conocer en qué grado nuestro niño interior está herido. En el Capítulo 2 se incluye un cuestionario más específico que facilitará analizar cada etapa de desarrollo.

A. IDENTIDAD

1. Experimento ansiedad y miedo siempre que pretendo desarrollar una actividad nueva. Sí_____No_____
2. Por lo general trato de complacer a la gente (tipo simpático-amistoso) y no tengo identidad propia. Sí_____ No_____
3. Soy rebelde. Me siento vivo cuando tengo conflictos. Sí_____ No_____

4. En lo más recóndito de mi ser, siento que existe algo de maldad. Sí_____No_____
5. Soy muy avaro; me cuesta mucho trabajo desprenderme de algo. Sí_____No_____
6. Me siento insatisfecho como hombre/mujer. Sí_____ No_____
7. Estoy confundido acerca de mi identidad sexual. Sí_____ No_____
8. Me siento culpable cuando tomo una decisión; preferiría dejar la responsabilidad a otros. Sí_____No_____
9. Me cuesta trabajo iniciar alguna actividad. Sí_____ No_____
10. Me es difícil concluir los trabajos que inicio. Sí_____ No_____
11. Raras veces tengo un pensamiento propio. Sí_____ No_____
12. Continuamente me critico por no actuar de la manera correcta. Sí_____No_____
13. Me considero un terrible pecador y temo que me iré al infierno. Sí_____No_____
14. Soy estricto y perfeccionista. Sí_____No_____
15. Siento como si nunca fuera a dar el ancho; nunca hago nada bien. Sí_____No_____
16. Siento como si realmente no supiera qué es lo que quiero. Sí_____No_____
17. Siento el impulso de ser super-realizador. Sí_____ No_____
18. Creo que realmente no le importa a la gente, excepto cuando tengo relaciones sexuales. Temo ser rechazado y abandonado si no soy buen amante. Sí_____No_____
19. Mi vida es vacía; me siento deprimido muchas veces. Sí_____ No_____

20. Realmente no sé quién soy. No estoy seguro de cuáles son mis valores o qué opino de las cosas. Sí_____No_____

B. NECESIDADES BÁSICAS

1. No estoy en contacto con mis necesidades corporales. No sé cuándo estoy cansado, tengo hambre o cuándo estoy lujurioso. Sí_____No_____
2. No me gusta que me toquen. Sí_____No_____
3. A menudo tengo sexo cuando realmente no lo deseo. Sí_____ No_____
4. He tenido o actualmente padezco un desorden digestivo. Sí_____ No_____
5. Me obsesiona el sexo oral. Sí_____No_____
6. Raras veces sé qué es lo que siento. Sí_____No_____
7. Me avergüenza enfurecerme. Sí_____No_____
8. Raras veces me enojo, pero cuando lo hago, me enfurezco. Sí_____No_____
9. Temo a la ira de otras personas y haría cualquier cosa por controlarla. Sí_____No_____
10. Me avergüenza llorar. Sí_____No_____
11. Me avergüenza asustarme. Sí_____No_____
12. Casi nunca expreso mis emociones desagradables. Sí_____ No_____
13. Estoy obsesionado con el sexo anal. Sí_____No_____
14. Me obsesiona el sexo sadomasoquista. Sí_____ No_____
15. Me avergüenzan mis funciones corporales. Sí_____ No_____
16. Padezco de sueño irregular. Sí_____No_____
17. Ocupo excesivo tiempo en ver programas pornográficos. Sí_____ No_____

18. Me he exhibido sexualmente de una manera ofensiva para otros. Sí_____No_____
19. Me atraen sexualmente los niños y me preocupa llegar a practicar esa tendencia. Sí_____No_____
20. Creo que el alimento y/o el sexo es mi necesidad mayor. Sí_____ No_____

C. SOCIALIZACIÓN

1. Básicamente desconfío de todos, incluyéndome a mí. Sí_____ No_____
2. He estado casada o lo estoy ahora con un drogadicto. Si_____ No_____
3. Soy obsesivo y dominante en mi relación. Sí_____ No_____
4. Soy drogadicto. Sí_____No_____
5. Estoy aislado y temo a la gente, especialmente a las personas con autoridad. Sí_____No_____
6. Odio estar solo y haré casi cualquier cosa por evitarlo. Sí_____ No_____
7. Hago las cosas que otros esperan que haga. Sí_____ No_____
8. Evito los conflictos a toda costa. Sí_____No_____
9. Raras veces digo "no" a las sugerencias de otros y las considero casi como una orden que debe ser obedecida de inmediato. Sí_____No_____
10. Tengo un sentido de responsabilidad sobredesarrollado. Me es más fácil interesarme en otra persona que en mí. Sí_____ No_____
11. A menudo me niego a hacer lo que otros me piden que haga de diversas formas manipulativas, indirectas y pasivas. Sí_____ No_____

12. No sé cómo resolver los conflictos con otras personas. O bien domino a mi oponente o me alejo completamente de él. Sí_____No_____

13. Raras veces solicito que me aclaren alguna información que no entendería. Sí_____No_____

14. Frecuentemente adivino el significado de los comentarios de alguien y respondo con base en mi suposición. Sí_____ No_____

15. Nunca me sentí allegado a mis padres. Sí_____ No_____

16 Confundo el amor con la lástima; tiendo a amar a la gente que debería compadecer. Sí_____No_____

17. Me ridiculizo a mí y a los demás si se comete algún error. Sí_____ No_____

18. Cedo fácilmente y me adapto al grupo. Sí_____ No_____

19. Soy enconadamente competitivo y un mal perdedor. Sí_____ No_____

20. Lo que más temo es el abandono, y haría cualquier cosa por conservar una relación. Sí_____ No_____

Si contestó afirmativamente a 10 o más de estas preguntas, necesita usted hacer un esfuerzo serio para mejorar el resultado. Este libro le servirá de mucho.

CAPÍTULO 2

Cómo resultó herido su maravilloso niño interior

Casi todo mundo se anima con la presencia de un bebé. Aun la persona más hosca se conmueve con la risita de un niño.

Los niños están llenos de expectación hacia la vida; son espontáneos y viven el presente. He aquí una semblanza del niño con expectación.

Expectación

Todo es interesante y emocionante para el niño. Él posee una necesidad innata por saber, experimentar, explorar, observar y tocar. La curiosidad conduce al niño al descubrimiento de sus manos, nariz, labios, genitales y sus dedos; finalmente lo lleva a descubrir su yo.

No obstante, la experimentación y la exploración también pueden causar problemas al niño. Si a los padres les reprimieron en la infancia su expectación natural hacia la vida, ellos inhibirán a sus hijos de la misma manera. Esto provoca que el niño se encierre en sí mismo y tema explorar y correr riesgo. Para él, la vida se convierte en un problema, más que en una aventura.

La expectación y la curiosidad son también la energía que nos impulsa siempre hacia nuevos horizontes. Esta chispa que nos proporciona vida es indispensable para nuestro crecimiento y esencial para el trabajo del poeta, el artista y el pensador creativo. Nuestra expectación y curiosidad forjan una especie de interés que despierta la esperanza en que "hay más por conocer".

OPTIMISMO

La chispa natural que posee el niño lo empuja a explorar de una manera placentera, espontánea. Si sus padres son aunque sea un poco accesibles, el niño llega a confiar en su entorno y así se le facilita obtener la satisfacción de sus necesidades. Los niños, por naturaleza, piensan que el mundo es amistoso; tienen esperanza; para ellos todo es posible. Este optimismo innato es parte esencial de nuestras dotes naturales y es la base de lo que se denomina "fe infantil".

Debido a este estado natural de optimismo y confianza, los niños pueden ser heridos por sus tutores. Cuando el niño tiene plena confianza, es *vulnerable*. A diferencia de otros animales, el infante humano no posee un "sistema computarizado instintivo" que le señale qué hacer. Los niños necesitan aprender, y su aprendizaje depende de sus tutores. Desarrollan fuerzas interiores como resultado de sus interacciones con sus tutores adultos.

Cuando se abusa de un niño o se le avergüenza, su confianza y apertura perecen. El vínculo que le permitía tener confianza y avanzar hacia adelante de manera optimista queda cortado. Se vuelve ansioso y temeroso. Si esas situaciones se repiten constantemente, se torna *pesimista*. Necesitamos el optimismo en nuestras vidas; con él, la realidad adquiere un valor positivo. Nos permite apreciar el lado brillante, fijarnos en la dona y no en el agujero.

INGENUIDAD

La ingenuidad es parte del encanto y atracción del niño; es el núcleo de su inocencia. Los niños viven el momento y están orientados al placer. Aceptan los "extraños acertijos de la vida", como dice Christopher Morley. Su "peculiar divinidad" resulta de su carencia de sentido del bien o del mal.

Los niños están orientados a la vida. Al principio sus movimientos carecen de dirección, porque están tan interesados en todo, que les es difícil elegir una cosa. Por ello el niño se inmiscuye en lugares prohibidos, toca cosas no seguras y prueba sustancias nocivas. Esto obliga a sus tutores a prestarle mucha atención. Deben ser pacientes y comprensivos. En muchos de los casos de abuso físico que conozco, el padre abusivo creía que el niño deliberadamente actuaba mal. Esperaba que fuera más maduro de lo que su edad le permitía.

El lado opuesto de esta situación es la sobreprotección paterna de la ingenuidad e inocencia del niño, lo que propicia una perjudicial ingenuidad en la edad adulta.

Los niños también pueden aprender a manipular con una falsa ingenuidad e inocencia.

La ingenuidad e inocencia del niño que lleva dentro puede ser de gran valor en su proceso de recuperación. La ingenuidad es un ingrediente importante de la docilidad, estado que lo hace a uno susceptible de aprender. Al atender a su niño herido interior, emerge el niño que ve la vida con expectación. Y éste puede cooperar para que aprenda usted a crear nuevas y fortificantes experiencias.

DEPENDENCIA

Por naturaleza, los niños son dependientes y necesitan de apoyo. A diferencia del adulto, el niño no puede satisfacer sus necesidades mediante sus propios recursos, por lo que tiene que depender de otros para cubrir dichas necesidades. Para bien o para mal, su vida es moldeada desde el principio por la habilidad que posean sus tutores para conocer y satisfacer sus necesidades en cada etapa de su desarrollo.

Si nuestros tutores poseen un niño herido en su interior, sus propias necesidades les impedirán satisfacer las necesidades de sus hijos. Así, o les disgustará la necesidad de su hijo o intentarán satisfacer sus propias necesidades convirtiendo a su hijo en una extensión de ellos mismos.

En cierto sentido, somos dependientes toda nuestra vida. Siempre necesitamos amor e interacción. Nadie es tan autosuficiente que no necesite a nadie más. Conforme envejecemos, requerimos ser necesitados. Cuando crecemos de manera saludable, en algún momento nos volvemos generativos y nos interesamos en la vida misma. Ésta es nuestra vocación evolutiva.

EMOCIONES

Dos emociones son propias de los infantes humanos: la risa y el llanto. El antropólogo Ashley Montagu señala: "Es natural que los niños rían y vean con placer todas las cosas, ya sean reales o imaginarias". El sentido del humor es una de nuestras más grandes cualidades innatas. Los filósofos hace mucho señalaron que solo el hombre tiene el "don de la risa".

La vida es más llevadera cuando se tiene sentido del humor. Como consejero siempre pude descubrir el momento en que mis clientes empezaban a sentirse bien. Ese momento se presentaba cuando trataban con humor sus problemas. Dejaban de tomarse demasiado en serio.

La felicidad y entusiasmo de un niño pueden ser rápidamente bloqueados. Si al niño herido que lleva nuestro padre en su interior le reprimieron sus risas, él se las prohibirá a sus propios hijos. Tal padre recomendará a sus hijos lo siguiente: "no rías demasiado fuerte", "deja de hacer ruido", "no seas tan escandaloso", y otras frases por el estilo.

Los niños que reprimen su risa o su alegría, se convertirán en pequeños sombríos o estoicos. Generalmente se transformarán en los tirantes padres, maestros o predicadores que no pueden tolerar el entusiasmo y las risotadas de los niños.

El lado opuesto de la risa es el llanto. Los humanos son los únicos animales que lloran. (Otros animales gritan, pero no derraman lágrimas.) Esto tiene un especial valor de supervivencia para el infante humano. Sus arrullos de alegría y risa gorjeante nos acercan a ellos, estableciendo un vínculo simbiótico que todos los infantes necesitan. Sus lágrimas son señales de auxilio que nos impulsan a ayudarlo y reconfortarlo.

Los padres reprimen sistemáticamente el llanto en sus hijos en la creencia de que les hacen fuertes. Esto es evidentemente falso. Este libro sería innecesario si a la mayoría de nosotros se nos hubiera permitido expresar plenamente nuestro llanto.

ELASTICIDAD

La elasticidad es la habilidad que poseemos para recuperarnos del dolor causado por la interacción con nuestro entorno. Los niños son por naturaleza elásticos; y mientras más pequeños sean, más elásticos serán. Cuando un niño aprende a comer o a caminar se hace patente su elasticidad. Observé a una bebé de 20 meses que pretendía ponerse de pie en un sofá. Cada vez que hacía el intento, se caía. Un par de veces lloró levemente, pero después emprendía una vez más la tarea, hasta que logró su propósito al cabo de cuando menos cinco intentos.

En vez de considerar su persistencia como depravación o mala conducta, debemos verla como valor. Los niños son elásticos y valerosos.

Relacionada estrechamente con la elasticidad, se encuentra la flexibilidad de conducta, que permite al niño aprender conductas en respuesta a cualquier patrón de socialización al que quede expuesto. Tal flexibilidad es una característica específica de los humanos y es un fuerte indicio de salud mental.

La elasticidad y flexibilidad son el resultado de nuestra habilidad para adaptarnos a situaciones nocivas. Todas las conductas que he atribuido al niño herido son conductas adaptadas. La elasticidad y flexibilidad de nuestro niño interior le permitieron sobrevivir a la enfermedad, los desórdenes y el abandono emocional. Pero es una desgracia que hayamos tenido que utilizar nuestro dinamismo y energía para sobrevivir, en vez de emplearlo para desarrollarnos.

Como la elasticidad es un rasgo básico de nuestro yo auténtico, podemos alegrarnos de su retorno al enmendar y defender a nuestro niño herido interior. Esto tomará tiempo, porque ese niño herido que se aloja en nosotros debe aprender a confiar en nuestra protección. Al sentirse protegido, su natural expectación y elasticidad empezarán a emerger y después estará presente plenamente.

JUEGO LIBRE

Los niños poseen un sentido natural de libertad, y cuando se sienten seguros, se mueven con gran espontaneidad. Estas cualidades, la libertad y la espontaneidad, forman la estructura del juego. El juego es la forma en que el niño trasciende la repetición del hábito. Conforme crecemos, a menudo perdemos de vista esta cualidad del juego y llegamos a considerarlo como algo frívolo. Está bien para los niños pequeños, pero no para los adultos. De hecho, muchos adultos consideran al juego como algo ocioso.

Desgraciadamente, en Estados Unidos hemos corrompido el juego libre y espontáneo convirtiéndolo en un impulso agresivo que solo tiene como meta la competencia. El juego espontáneo auténtico, es una actividad de simple placer y deleite. En las últimas etapas del desarrollo puede realizarse por el placer proveniente de la habilidad y deportivismo requeridos por un juego específico.

El juego es parte de nuestra naturaleza. Todos los animales juguetean, pero el juego en los niños tiene un alcance mucho mayor. La imaginación desempeña un papel esencial en los juegos infantiles. Recuerdo mis juegos de la infancia: con frecuencia eran preparativos para la vida adulta; jugábamos a que "éramos grandes" y a ser como mamá y papá.

Si consideramos la infancia como una etapa de juego libre y creativo, podemos percatarnos de que ser humanos es tener la capacidad de jugar. Nuestros más grandes logros humanos son "saltos de la imaginación" a los que se deben nuestras más grandes invenciones, descubrimientos y teorías.

Singularidad

Aunque el niño es inmaduro, posee un sentido de integridad, de ser. En otras palabras, se siente conectado y unificado dentro de sí mismo. La sensación de integridad es el verdadero significado de la perfección, y en este sentido cada niño es perfecto.

La integridad también hace a cada niño *especial*, *único* y *maravilloso*. Nadie es *exactamente* como él. Esta singularidad hace a cada niño verdaderamente precioso. Precioso significa "raro y valioso". Las gemas y el oro son preciosos, pero cada niño es mucho más precioso.

El sentido natural del niño sobre su valor y dignidad es muy precario, ya que exige inmediata confirmación de su tutor. Si el tutor no refleja amorosa y exactamente al niño como él es, perderá el sentido de ser especial y único.

Los niños también son por naturaleza espirituales. En lo que a mí concierne, la integridad y la espiritualidad son sinónimos. Los niños son místicos ingenuos. Pero es una espiritualidad ingenua, sin crítica. Más tarde, será la esencia de la espiritualidad madura, reflexiva.

La espiritualidad involucra lo más profundo y auténtico en nosotros: nuestro verdadero yo. Cuando somos espirituales, estamos en contacto con nuestra singularidad. Es nuestro ser fundamental. La espiritualidad involucra también la sensación de conexión con algo más grande que nosotros mismos. Los niños son creyentes naturales; saben que existe algo más grande que ellos mismos.

Una herida en nuestro espíritu, más que cualquiera otra cosa, nos prepara para convertirnos en adultos codependientes. La historia de la caída de cada hombre y cada mujer se inicia cuando un niño precioso, maravilloso, valioso y especial perdió su sentido de "yo soy quien soy".

AMOR

Los niños están por naturaleza predispuestos al amor y al afecto. Sin embargo, *el niño primero debe ser amado para después ser capaz de amar*. Aprende a amar siendo amado. Montagu señala: "De todas las necesidades netamente humanas, la necesidad de amar es... la más básica... Es la necesidad que nos hace humanos".

Ningún infante tiene la habilidad de amar en un sentido maduro, altruista. Más bien, él ama a su manera, de acuerdo a su edad. El crecimiento saludable del niño depende de que alguien lo ame y lo acepte incondicionalmente. Cuando esta necesidad es satisfecha, la energía de amar del niño queda liberada, de modo que puede amar a otros.

Cuando un niño no se ama a sí mismo, su sentido de individualidad queda bloqueado. Por ser tan dependiente, predomina su egocentrismo y su verdadero yo nunca emerge realmente. Si no llega a ser amado incondicionalmente el niño sufre la más profunda de todas las privaciones. Solo un débil eco del mundo de los demás llega verdaderamente al adulto que tiene un niño interior herido y despojado. Nunca lo abandona la necesidad de amor. El deseo subsiste y el niño herido que subyace en él intenta llenar este vacío de las maneras que he descrito.

Al enmendar y proteger a su niño herido interno, le brinda usted la aceptación positiva e incondicional que anhela. Esto le permitirá reconocer y amar a otros tal como son.

LA HERIDA ESPIRITUAL

Creo que todas las maneras en que el niño con grandes expectativas es herido pueden resumirse en la pérdida de su identidad. Cada niño necesita desesperadamente saber que sus padres están sanos y son capaces de cuidarlo, y que él le *importa* a sus padres.

El sentir que él es importante para sus padres significa que la condición de ser especial se refleja en los ojos de sus padres y de otras personas que lo cuidan. Que él importa también se observa en el tiempo que le dedican. Los niños saben intuitivamente que la gente pasa el tiempo con quienes aman. Los padres hacen que sus hijos sientan lástima de ellos mismos, al no tener tiempo para ellos.

Cualquier niño de una familia con problemas recibirá esta herida espiritual. Una madre alcohólica y un padre codependiente no pueden atender debidamente a sus hijos. A la alcohólica la absorbe la bebida, y al codependiente lo absorbe la alcohólica. Simplemente no pueden prestar la debida atención a sus hijos. Lo mismo sucede cuando los padres se hallan bajo tensión crónica, incluyendo las adicciones al trabajo o a las actividades religiosas; los desórdenes en el comer; las adicciones a controlarlo todo o al perfeccionismo; o las enfermedades físicas o mentales. Cualquiera que sea el desorden, cuando a los padres los absorben sus cuestiones emocionales, no pueden prestar la debida atención a sus hijos.

Los padres de una familia con problemas no pueden ofrecer a sus hijos lo que necesitan, porque ellos mismos están demasiado necesitados. Pienso en Fernando, quien tenía un padre alcohólico. Para cuando tuvo siete años, el muchacho no sabía si su padre iba a ir a su casa. A los 11, su padre lo abandonó emocional y financieramente. Un niño necesita un padre; para ser capaz de amar como hombre, necesita el amor de un hombre. Necesita vincularse con un hombre. Pero Fernando nunca tuvo este vínculo paternal. Estuvo aterrorizado la mayor parte del tiempo y sintió la profunda inseguridad de un niño que no tiene protección. El padre representa protección.

ABUSO SEXUAL, FÍSICO Y EMOCIONAL

Cuando se presenta el abuso sexual, el niño es utilizado por los adultos para su placer. Así el niño aprende que la única manera en que él puede ser importante es realizando actos sexuales con el adulto. Como consecuencia, el niño crece con la idea de que debe ser un gran compañero sexual o ser sexualmente atractivo para que alguien realmente se preocupe por él. Existen muchas formas de abuso sexual, entre las cuales se encuentran las no físicas, que muchas personas ni siquiera los consideran formas de abuso y que pueden ser las más nocivas.

Para entender claramente el abuso sexual no físico o emocional necesitamos comprender que una familia es un sistema social gobernado por sus propias leyes. Las leyes más importantes de los sistemas familiares son: 1. La familia puede ser definida solamente por la interrelación de sus miembros, no por la suma de sus partes. 2. Todo el sistema opera sobre un principio de equilibrio, de modo que si un miembro altera ese orden otro miembro lo compensará. Por ejemplo, la actitud de un padre borracho, irresponsable, puede ser compensada por una madre abastemia, super-responsable; una esposa iracunda, histérica, puede estar equilibrada por un esposo calmado, de modales finos y hablar reposado. 3. Todo el sistema esta reglamentado. En los sistemas positivos las reglas son negociables y abiertas; en los sistemas negativos las reglas son rígidas e inflexibles. 4. Los miembros del sistema desempeñan diferentes papeles para mantener sus necesidades en equilibrio. En los sistemas familiares saludables, los papeles son flexibles y compartidos; en los sistemas nocivos los papeles son rígidos y estáticos.

Un elemento fundamental en el sistema familiar es el matrimonio. Cuando el matrimonio presenta una alteración en su intimidad, surge el principio de equilibrio y complementaridad.

La familia necesita un matrimonio saludable para estar balanceado. Al faltar ese equilibrio, la energía dinámica del sistema empujará a los niños a crearlo. Si el papá no está satisfecho con la mamá, es posible que se dirija a su hija para satisfacer sus necesidades emocionales. La hija... se convierte así en la consentida del padre. Asimismo, el hijo puede convertirse en el Pequeño Hombrecito de la madre, o su hombre significante, en lugar del papá. Los niños se hacen cargo del matrimonio de los padres y son utilizados para aliviar la soledad de los padres. A menudo un padre es rechazado sexualmente, pero sus necesidades sexuales siguen presentes. Una niña puede sentirse molesta por los besos constantes o el manoseo del padre. Por lo general, *cuando un niño es más importante para un padre que su esposa, se habrán presentado las condiciones para que surja el abuso sexual emocional*. Esto se convierte en un abuso porque el padre utiliza al niño para satisfacer sus propias necesidades. Tal conducta invierte el orden de la naturaleza. Los padres deben dar a los niños tiempo, atención y orientación, no utilizarlos para satisfacer sus propias necesidades. El uso es abuso.

La violación sexual inflige una lesión espiritual más intensa que cualquiera otra clase de violación. Recientemente hemos analizado a la violación sexual desde otras perspectivas. Ahora sabemos más acerca del impacto del exhibicionismo y el "voyeurismo" dentro de la familia.

La violación sexual ocurre porque no existen límites sexuales apropiados entre los padres y sus hijos. A menudo los comentarios y las discusiones inapropiadas generan esta situación. Mi cliente Edna se sentía incómoda cuando su padre estaba presente. Cuando ella era pequeña, él a menudo le daba palmadas en el trasero y le hablaba de su "sensual cuerpo" y de cómo él anhelaba tener su edad para establecer "una relación con ella". Estos comentarios siempre molestaron a Edna, quien más adelante se relacionaba con hombres de edad excitados por su trasero.

También se considera abuso sexual cuando los padres no han instruido a los hijos sobre el sexo. Los padres de Julia no le informaron de su sexualidad. Cuando empezó a menstruar, ella pensó aterrorizada que estaba muy enferma.

Cuando somos víctimas de abuso sexual, sentimos que no somos dignos de ser amados tal como somos y nos transformamos en seres antisexuales o supersexuales.

Abuso físico

El abuso físico también inflige herida espiritual. El niño que es golpeado, difícilmente podrá creer que es un ser especial, maravilloso y único. ¿Cómo puede pensarlo si su tutor lo está lastimando físicamente? El castigo físico corta el vínculo interpersonal con un padre. Imagínese cómo se sentiría usted si su mejor amigo llegara y lo abofeteara.

No tenemos idea de cuántas familias violentas hay. Estas estadísticas quedan ocultas en las salas de emergencia de los hospitales, en la vergüenza familiar y, sobre todo, en el terror a las represalias si se habla de más.

Golpear a mujeres y niños es una tradición antigua y persistente. Todavía creemos en el castigo corporal. Existen evidencias reales de que las azotaínas y el castigo corporal tienen efectos secundarios duraderos. Solo en un sentido pervertido puede un niño creer que se le ama cuando es golpeado, abofeteado o amenazado.

Abuso emocional

El abuso emocional también provoca una herida espiritual. Gritar a los niños altera el valor que ellos tienen de sí mismos. Los padres que llaman a sus hijos "estúpidos", "tontos" , "locos", ctcétera, los hieren con cada palabra. El abuso emocional se presenta también en forma de severidad, perfeccionismo y control. El perfeccionismo produce una honda sensación de vergüenza recurrente. No importa lo que se haga, nunca se consiguen resultados. Todas las familias basadas en la vergüenza usan el perfeccionismo, el control y la culpa como reglas de manipulación. Nada de lo que usted diga, haga, sienta o piense está bien. Usted no debe sentir lo que siente, sus ideas son locas, sus deseos tontos. Constantemente se le encuentran fallas en su comportamiento.

Abuso en la escuela

En la escuela, también se presenta la vergüenza recurrente. Inmediatamente se le juzga a uno y se le clasifica. Se compite para ser aprobado. Los niños se paran ante el pizarrón y se les avergüenza públicamente. Hasta el otorgamiento de calificaciones puede ser vergonzante.

En la escuela nos damos cuenta de los antecedentes étnicos y la posición socioeconómica de cada uno de nosotros. Mis amigos judíos me han contado historias horribles sobre el dolor que experimentaban por ser precisamente judíos. Cuando asistí a la escuela en Texas, aún castigaban a los niños mexicanos por hablar su "lengua madre" en las aulas.

Abuso en la iglesia

Al niño también se le puede avergonzar en la doctrina o en la iglesia al escuchar un sermón amenazante. Recientemente, en la televisión, un predicador señaló: —No puedes ser lo suficientemente bueno para ser aceptable a los ojos de Dios. Qué terrible afrenta a Dios el Creador. Pero ¿cómo podría un niño saber que este hombre estaba cubriendo su propia vergüenza con su venenosa perorata? Recuerdo que me enseñaban la oración de Santa Catalina de Génova en la escuela primaria. Si mal no recuerdo, la oración decía así: "Esforzándome por dejar esta vida de dolor, con profunda angustia lloro. Fallezco porque no muero". ¡Una frase feliz para comenzar el día! Ésta es una oración mística que tiene sentido en el más alto nivel de espiritualidad. Pero a niños de quinto año de primaria les inflige una herida espiritual.

VERGÜENZA CULTURAL

Nuestra cultura tiene su propio sistema de perfección que nos hiere espiritualmente. Hay hombres con penes grandes y mujeres con senos grandes y traseros firmes. Pero si los genitales de usted no son grandes, se le considera inferior. Recuerdo lo molesto que era darse un regaderazo en los vestidores después de una práctica de futbol. Los muchachos grandes molestaban a los más jóvenes. Yo rezaba porque no la tomaran conmigo. Reía nerviosamente y me les unía cuando acosaban a otro.

Recuerdo también a los chicos gordos y feos; para ellos asistir a la escuela era una pesadilla. Los muchachos torpes, los no atléticos, también eran avergonzados en los descansos y durante los juegos.

Esas situaciones dejan cicatrices que perduran toda la vida. Como crecí siendo pobre, todavía me avergüenza acudir a un club campestre o a otro lugar exclusivo. A menudo sé que estoy en mejor situación financiera que la gente que me rodea, pero aún así siento el dolor enajenante de la vergüenza cultural.

Desde muy pequeños, los niños se percatan de que existen reales diferencias económicas y sociales entre ellos y sus amigos. Se vuelven sensiblemente conscientes de la moda y los barrios elegantes. Siempre, todos, tenemos un valor, aunque a menudo ese valor no es suficiente. El mensaje es: *Tu forma de ser no es la correcta. Debes ser como nosotros queremos que seas.*

VERGÜENZA RECURRENTE

Todas estas clases de abuso crean vergüenza recurrente; es decir, esa sensación de ser censurado y, de nunca dar el ancho. La vergüenza tóxica se resiente más que la culpa. Se siente uno culpable cuando ha hecho algo malo; pero eso se puede reparar, se puede hacer algo para remediarlo. Pero la vergüenza recurrente implica que existe algo mal en *usted* y no hay nada que pueda hacer al respecto; es usted un ser inadecuado y defectuoso. La vergüenza recurrente es la esencia del niño herido.

Recientemente modifiqué una profunda meditación escrita originalmente por Leo Booth. Le añadí algunos conceptos sobre la vergüenza recurrente que incluyo en mi libro *Bradshaw On: Healing the Same That Binds You.* Me gustaría compartirla aquí con ustedes:

Mi nombre es Vergüenza Recurrente

Estuve allí cuando fuiste concebido
En la adrenalina de la vergüenza de tu madre
Me sentiste en el fluido de la matriz de tu madre
Llegué a ti antes de que pudieras hablar
Antes de que entendieras
Antes de que tuvieras manera de conocer
Llegué a ti cuando estabas aprendiendo a caminar
Cuando estabas desprotegido y expuesto
Cuando eras vulnerable y estabas necesitado
Antes de que se te limitara
MI NOMBRE ES VERGÜENZA RECURRENTE

Llegué a ti cuando eras mágico
Antes de que pudieras saber que yo estaba allí
Partí tu alma
Te perforé hasta el fondo
Te infundí sentimientos de ser imperfecto
Te inspiré sentimientos de desconfianza, fealdad, estupidez,
duda, falta de valor e inferioridad
Te hice sentir diferente
Te dije que había algo malo en ti
Manché tu semejanza con Dios
MI NOMBRES ES VERGÜENZA RECURRENTE

Existí antes que la conciencia
Antes que la culpa
Antes que la moralidad
Soy el amo de la emoción
Soy la voz interna que susurra palabras de condena
Soy el estremecimiento interno que maldice a través de ti sin un
razonamiento previo
MI NOMBRE ES VERGÜENZA RECURRENTE

Vengo de tutores "desvergonzados", del abandono, el ridículo,
el abuso, el descuido, de los sistemas perfeccionistas
Me fortaleció la impactante intensidad de la ira de un padre
Los crueles comentarios de hermanos
La enternecedora humillación de otros niños
El inexacto reflejo en los espejos
El contacto que se siente repulsivo y espantoso
La bofetada, el pellizco, la sacudida que rompe la confianza
Estoy avivado por
una cultura racista, sexista
La justa condena de los fanáticos religiosos

Los temores y presiones del aprendizaje
La hipocresía de los políticos
La vergüenza multigeneracional de los sistemas familiares disfuncionales
MI NOMBRE ES VERGÜENZA RECURRENTE

Puedo transformar a una mujer, un judío, un negro, un homosexual, un oriental, un niño precioso, en una mujerzuela, un despreciable, un apestoso, un maricón, un pequeño granuja
Tengo un dolor que es crónico
Un dolor que no desaparecerá
Soy el cazador que te acecha noche y día
Todos los días en todas partes
No tengo fronteras
Tratas de esconderte de mí
Pero no puedes
Porque vivo dentro de ti
Te provoco la desesperación
Como si no hubiera salida
MI NOMBRE ES VERGÜENZA RECURRENTE

Mi dolor es tan insoportable que deben pasarme a otros a través del control, el perfeccionismo, el desprecio, la crítica, la culpabilidad, la envidia, el juicio, el poder y la ira.
Debes cubrirme con adicciones, actuaciones rígidas, representaciones y defensas inconscientes del ego
Mi dolor es tan intenso
que debes adormecerte para dejar de sentirme
Te convencí de que me fui, de que no existo; experimentas ausencia y vacío
MI NOMBRE ES VERGÜENZA RECURRENTE

Esta meditación resume las formas como el niño maravilloso resultó herido. La pérdida de tu YO implica el desmoronamiento espiritual. El niño maravilloso es abandonado y se queda solo. Como señala Alice Miller en *For Your Own Good*: es aún peor que ser superviviente de un campo de concentración.

> Los reclusos de un campo de concentración... en su interior son libres de odiar a sus perseguidores. Tienen la oportunidad de experimentar sus sentimientos, aun de compartirlos con otros reclusos; les evita tener que rendir su yo... *Los niños no tienen esta oportunidad.* No deben odiar a su padre... no pueden odiarlo... Temen que por esa causa ya no los amen... Así, los niños, a diferencia de los presos en campos de concentración, *confrontan a un verdugo que aman.*

El niño continúa viviendo en su tormento, sufriendo pasivamente o renegando, fingiendo externa e internamente proyectándose y expresándose de la única manera que conoce. Recobrar a este niño es la primera etapa de nuestro viaje a casa.

PARTE
2
RECUPERANDO A SU NIÑO INTERIOR HERIDO

En la fantasía y el mito el regreso al hogar es un evento dramático; tocan las bandas, se mata al ternero cebado, se prepara un banquete y hay regocijo porque el hijo pródigo ha regresado. En realidad el exilio termina gradualmente, sin que eventos dramáticos, externos, señalen su paso. La bruma que hay en el aire se desvanece y el mundo se aclara; la búsqueda termina en el hallazgo; la ansiedad en la satisfacción. Nada ha cambiado; sin embargo, todo está cambiado.

SAM KEEN

INTRODUCCIÓN

Sam Keen resume el trabajo que está usted a punto de realizar. Cuando lo termine, ninguna banda tocará invitándolo a participar en un banquete. Sin embargo, si ha hecho usted una buena labor, puede llevar a comer a su niño interior y a escuchar a una buena banda. Estará usted más tranquilo.

Recobrar al niño herido que lleva dentro es una experiencia perecida al Zen. Los niños son maestros naturales de Zen; su mundo es totalmente nuevo en todo momento. Para el niño no herido, maravillarse es algo natural. La vida es un misterio que debe vivirse. El retorno a casa es la restauración de lo natural. Tal restauración no es grandiosa o dramática; es simplemente retomar el rumbo de la vida.

Recuperar a su niño interior implica retroceder a sus etapas de desarrollo y concluir los asuntos pendientes. Imagínese que está usted a punto de conocer a un pequeño niño maravilloso que acaba de nacer. Usted puede estar allí como un adulto sensato e interesado en ayudar al recién nacido. Usted puede estar presente cuando usted nació, cuando aprendió a gatear y a caminar, cuando aprendió a hablar. Su niño también necesitará su apoyo solícito cuando se encuentre lamentando sus reveses. Ron Kurtz sugiere que usted puede ser un "desconocido mágico" para el niño. Mágico porque usted no estuvo *realmente presente* la primera vez que su niño interior pasó por estas etapas. Yo convoqué a muchos magos, de modo que recuperé a mi niño interior herido con el consejo de un anciano mago, amable y sabio. Usted puede ser lo que guste, mientras esté usted presente allí de una manera amorosa y no vergonzante.

La infancia consiste en cuatro importantes etapas de desarrollo. Al presentar estas etapas me he apoyado principalmente en el mapa de desarrollo psicosocial del libro clásico de Erik Erikson, *Childhood and Society*. He agregado trozos de Jean Piaget, Pam Levin y Barry y Janae Weinhold. Según Erik Erikson cada etapa de desarrollo resulta de una crisis interpersonal —principalmente con nuestros padres, aunque también con nuestros compañeros y maestros de escuela. La crisis no es un evento catastrófico sino un momento de acrecentada vulnerabilidad y potencial aumentado. La resolución de cada etapa crea una nueva crisis, Erikson cree que el resultado de cada crisis es una fuerza interna que él llama fuerza de ego. Él plantea que una infancia saludable se basa en cuatro fuerzas básicas de ego, las cuales son: esperanza, fuerza de voluntad, propósito y competencia. La esperanza es resultado de que el infante experimente una *confianza* definida en sus tutores. La fuerza de voluntad surge cuando el infante, en su lucha por separarse y nacer psicológicamente, adquiere una sensación de *autonomía* que sobrepasa su *vergüenza* y sus *dudas*. El propósito surge cuando el sentido de *iniciativa* del pequeño es más fuerte que el de culpabilidad.

Y la competencia resulta de que el niño en edad escolar desarrolle un mayor sentido de *diligencia* que de *inferioridad*.

Según la terapista Pam Levin, cuando estas fuerzas del ego están presentes, disponemos de cuatro poderes básicos: el poder de ser, el de hacer, el de identidad y el de poseer habilidades básicas de supervivencia.

Los mismos poderes y fuerzas del ego que necesitó usted para desarrollarse en la infancia deberán ser reforzados en las posteriores etapas de la vida.

A los 13 años la pubertad despierta la chispa de una nueva manera de ver la vida. Una nueva estructura mental se desarrolla al producirse los cambios biológicos de la madurez sexual. Iniciamos el proceso que nos permitirá establecer nuestra propia identidad e independizarnos de la familia. Para *ser* nosotros mismos, debemos abandonar lentamente a nuestros padres. Necesitamos todas las fuerzas de nuestro ego para llevarlo a cabo. Además, debemos ser lo suficientemente autónomos para confiar en *nosotros* y aventurarnos a salir al exterior y dejar la seguridad del hogar paterno. Nuestro éxito depende de lo bien que hayamos pasado nuestra primera etapa de contradependencia cuando teníamos unos dos años y de lo bien que hayamos establecido una identidad inicial en nuestra etapa preescolar, en donde requerimos independencia.

Al cumplir los 20 años comienza un nuevo ciclo. Cuando llegamos a los 26 años, muchos nos casamos y formamos nuestra propia familia. Una vez más dependemos de nuestra confianza, autonomía, iniciativa y cooperación interdependiente a fin de amar adecuadamente y ser capaces de intimar. Cada etapa de la infancia será reciclada en nuestra búsqueda por la intimidad.

A los 39 años entramos en lo que se denomina edad mediana y comenzamos otro ciclo. Ésta es una etapa muy dramática. Alguien acuñó la frase "locuras de la edad mediana" para expresar el drama y la dificultad de este momento de la vida. Si usted posee en su interior un niño herido, esta etapa puede ser desastrosa.

Al llegar a la edad mediana nuestro idealismo juvenil ha sido moderado por la traición, el desengaño y la muerte de alguien cercano a nosotros. La desilusión nos obliga a esperar y confiar en que todo tiene un sentido. Si preferimos confiar, tendremos que utilizar toda nuestra fuerza de voluntad para tomar nuevas decisiones acerca de todos los aspectos de nuestras vidas —nuestro trabajo, nuestras relaciones, nuestra espiritualidad.

El siguiente ciclo, cuando llegamos a la madurez de la vida, nos permite ahora dar nuestra esperanza y fortalecer nuestros compromisos. A menudo ésta es una etapa de mucha calma y productividad. Por tanto, requerimos de toda nuestra espontaneidad y flexibilidad.

El inicio de la ancianidad requiere reflexión y resignación para con el envejecimiento y el retiro. ¡En la ancianidad necesitamos entrar a una segunda infancia! Necesitamos esa fe infantil de que existe algo más grande que nosotros, solo así podremos ver un panorama más halagador.

Cada etapa se basa en la precedente. Pero *los cimientos se construyen en la infancia.*

Un pequeño error al principio es un gran error al final. Nosotros no influimos en el inicio de nuestras vidas; pero para sobrevivir dependemos completamente de quienes nos cuidan.

Además del reciclado natural de las tareas de desarrollo de la infancia estas etapas se vuelven a presentar en situaciones diferentes.

En cada etapa del desarrollo de nuestros propios hijos, se advierten nuestras propias necesidades no satisfechas de desarrollo infantil. A menudo, el resultado es una desastrosa actuación como padre. Por eso es tan difícil que los adultos provenientes de familias con problemas se conviertan en padres adecuados. El conflicto entre padres e hijos alcanza con frecuencia su culminación durante la adolescencia, la cual es una etapa difícil en el ciclo de la vida. Agrava la situación el que los padres estén en la "locura de la edad mediana" durante la adolescencia de los hijos.

Las etapas de desarrollo de la infancia también pueden resurgir siempre que nos topemos con una pena o trauma en la edad adulta. La muerte de un padre definitivamente precipitará el surgimiento de nuestros problemas de la infancia. La muerte de un amigo u otro ser querido nos regresa a nuestras necesidades como ser. Como afirmó Tennyson, ante la muerte somos "un infante que llora en la noche... sin palabra, solo con llanto".

Cualquier situación nueva puede desencadenar nuestras necesidades de la infancia: un nuevo empleo, una nueva casa, un bebé. La forma en que manejamos esas nuevas situaciones dependerá de lo bien que hayamos sido manejados en nuestros primeros inicios.

En resumen, las etapas de nuestra infancia proporciona los cimientos de nuestra vida adulta. Aquellos de nosotros que nos desarrollamos en familias disfuncionales carecemos de estos cimientos.

En la Parte 1 de este libro se señaló cómo un deficiente desarrollo ha provocado consecuencias perjudiciales para la vida. Si desea usted cambiar estos patrones dañinos, debe recuperar su infancia.

Es doloroso recuperar la infancia porque debemos restañar nuestras heridas. Pero lo importante es que *sí podemos* lograrlo. El trabajo de dolor es el sufrimiento legítimo que hemos estado evitando con nuestras neurosis. Jung lo dijo bien: "Todas nuestras neurosis son substitutos del sufrimiento legítimo".

En los siguientes capítulos describiré los elementos del original trabajo de dolor y la clase de atención que usted necesitó en cada una de las cuatro etapas iniciales de desarrollo infantil. Sugeriré algunos ejercicios para cada etapa. Si actualmente usted recibe terapia, solicítele a su terapista su visto bueno antes de iniciar el trabajo. Usted puede hacerlo consigo mismo utilizando a su propio adulto como un amable y sabio viejo mago, pero aun así necesita usted la aprobación de su terapista.

También existen ejercicios de meditación para cada etapa de desarrollo. En estas meditaciones su *adulto* cuidará de su niño herido interior. Esto es lo mejor que puedo ofrecerle en este libro. Puede usted realizar los ejercicios solo, pero resultará mejor si los practica con un amigo considerado o con un grupo de apoyo.

No se pretende que estos ejercicios remplacen la terapia o al grupo de terapia en el que usted participa. Tampoco es la idea que sustituyan a algún grupo de 12 Pasos al que pueda usted pertenecer. De hecho, deben mejorar su terapia o trabajo de 12 Pasos. *Si es usted un adulto que fue víctima de abuso sexual en la infancia y presenta una severa aflicción emocional*, o si le han diagnosticado que está usted *mentalmente enfermo* o si alguien en su familia padece de una *enfermedad mental es necesario que reciba ayuda profesional.* Si al realizar estos ejercicios, empieza usted a *experimentar emociones extrañas o abrumadoras, interrúmpalos inmediatamente*. Busque la ayuda de un consejero calificado antes de continuàr.

Otra advertencia: *Si en este momento padece usted una adicción usted no controla ni está en contacto con sus verdaderos sentimientos.* Debe modificar esa conducta si desea beneficiarse de este trabajo. Los grupos de 12 Pasos han demostrado ser los medios más efectivos para combatir las adicciones. Afíliese a uno. El trabajo que presento aquí requiere que cuando menos tenga usted un año de sobriedad.

Ahora deseo reiterar lo que expresé en páginas anteriores. Realmente debe realizar los ejercicios indicados si quiere recuperar y defender a su niño interior.

Una nota final. Una manera que tienen los adultos de evitar su legítimo sufrimiento es *mantener la objetividad*. Esto implica obsesionarse con todo, analizar, discutir, leer y gastar mucha energía tratando de entender las cosas. Conozco un relato sobre un cuarto con dos puertas. Cada una tiene un letrero arriba de ella. Una dice CIELO; la otra, CONFERENCIA SOBRE EL CIELO. Todos los adultos codependientes están alineados frente a la puerta que dice CONFERENCIA SOBRE EL CIELO.

Mantener la objetividad también es una defensa del ego. Al obsesionarse con las cosas no tiene uno la necesidad de *sentir*. Sentir algo es meterse en el inmenso depósito de sentimientos congelados que están contenidos por la vergüenza recurrente de su niño herido.

De manera que, repito, debe usted *hacer* realmente el trabajo de dolor original si desea curar al niño herido que lleva en su interior. La única opción es enfrentarlo. "Si no hay dolor, no hay ganancia", como decimos en los programas de 12 Pasos.

Yo creo que la recuperación del abandono, descuido y abuso sufridos en la infancia es un proceso, no un fin. La lectura de este libro y la *realización* de los ejercicios no hará desaparecer todos sus problemas de la noche a la mañana. Pero le garantizo que descubrirá una deliciosa personita dentro de usted. Podrá escuchar la ira y la tristeza de ese niño y festejar la vida con su niño interior de una manera más gozosa, creativa y juguetona.

CAPÍTULO 3

Rescate del dolor original

LA NEUROSIS ES SIEMPRE SUBSTITUTO
DEL SUFRIMIENTO LEGÍTIMO

C. G. JUNG

LOS PROBLEMAS NO PUEDEN SER RESUELTOS CON PALABRAS, SINO
ÚNICAMENTE A TRAVÉS DE LA EXPERIENCIA; NO SOLO LA
EXPERIENCIA CORRECTIVA, SINO MEDIANTE EL ALIVIO DE LOS
TEMORES ORIGINALES (TRISTEZA, IRA).

ALICE MILLER

Creo que si la teoría que explica la búsqueda del dolor original
fuera mejor entendida, revolucionaría el tratamiento de las
neurosis en general y las conductas compulsivas adictivas en
particular. A menudo, los pacientes que necesitan desesperadamente rescatar sus sentimientos son drogados con tranquili-
zantes. En nuestro centro de tratamiento Life Plus, en Los
Ángeles, hemos tropezado con algunos profesionales de la salud mental quienes no pueden entender por qué no deseamos
prescribir medicamentos a nuestros pacientes. Creemos que la
única manera de superar los desórdenes compulsivos -adictivos,
es mediante el rescate de los sentimientos.

Nos especializamos en el tratamiento de la codependencia, que tiene su origen en la vergüenza tóxica que nos produce el sentimiento de inseguridad y de incapacidad como ser humano. La vergüenza, que debe ser una saludable señal de limitación, se convierte en un agobiante estado de ser, en una identidad. De esta manera el individuo pierde contacto con su yo auténtico. Posteriormente, solo consigue lamentarse por la pérdida de esa identidad. Clínicamente, esta situación se denomina distimia o depresión crónica leve. En mi libro *Bradshaw On: Healing the Shame That Binds You*, demostré cómo la vergüenza recurrente es la emoción dominante. Vincula nuestros sentimientos con la vergüenza, de modo que cuando sentimos ira, pesar, temor o incluso alegría, también sentimos vergüenza. Pasa lo mismo con nuestras necesidades e impulsos.

Una vez que nuestros sentimientos están dominados por la vergüenza, uno se aturde. Este aturdimiento es la precondición de todas las adicciones, porque la adicción es la única forma en que la persona puede sentir. Por ejemplo, un hombre crónicamente deprimido que se convierte en un ejecutivo superactivo, solamente es capaz de sentir cuando está trabajando. Un alcohólico o un adicto a las drogas se siente bien cuando consume drogas que alteran el humor. El adicto a la comida experimenta una sensación de satisfacción y bienestar cuando tiene su estómago lleno. Cada adicción hace que la persona tenga sensaciones agradables o que evite las sensaciones dolorosas. La adicción altera el dolor del niño interior espiritualmente herido. Uno queda dolorosamente degradado ante sus *propios ojos* y se convierte en objeto de desprecio para sí mismo.

La atenuación de nuestro dolor se logra a través de la defensa del ego que utilizamos cuando la realidad se vuelve intolerable. La defensa del ego puede adquirir diversas formas: la negación ("no está ocurriendo realmente"); la represión ("nunca sucedió");

la disociación ("no recuerdo lo que sucedió"); la proyección ("te ocurre a ti, no a mí; "como o tengo sexo cuando siento que está sucediendo"), y la minimización ("sucedió, pero no tiene importancia").

Básicamente, a través de la defensa de nuestro ego nos distraemos del dolor que sentimos.

LA SUPREMACÍA DE LAS EMOCIONES

El psicólogo Silvan Tomkins realizó una importante contribución a nuestra comprensión de la conducta humana al plantear la supremacía de las emociones. Nuestras emociones son formas de experiencia *inmediata*. Cuando experimentamos emociones entramos en contacto directo con nuestra realidad física. Debido a que nuestras emociones son una forma de energía, son físicas; se expresan en el organismo antes de que nos percatemos conscientemente de que están allí.

Conforme nos desarrollamos, las emociones se convierten en el medio para pensar, actuar y tomar decisiones. Tomkins considera que la emociones son nuestros motivadores biológicos innatos. Las emociones intensifican y amplifican nuestras vidas. Sin emociones, nada importa realmente; con emoción, cualquier cosa es trascendente.

Según la teoría de Tomkins, los seis motivadores principales son el interés, el disfrute, la sorpresa, la pena, el miedo y la ira. Este autor contempla a la vergüenza como una emoción auxiliar caracterizada como una súbita, inesperada exposición, que detiene o *limita* lo que está ocurriendo.

En pocas palabras, nuestras emociones son nuestras más

grandes *facultades*. Las tenemos para cuidar de nuestras necesidades básicas. Cuando una de nuestras necesidades está siendo amenazada, nuestra energía emocional nos lo hace notar.

El modelo de terapia de Harvey Jackins, llamado Asesoramiento de Revaluación, es similar al rescate del dolor original. Jackins sugiere que cuando la emoción que acompaña una experiencia traumática es bloqueada, la mente no puede evaluar o asimilar esa experiencia. Cuando la energía emocional bloquea la resolución del trauma, la mente misma queda reducida en su habilidad para funcionar. Con el paso de los años, la capacidad de la mente se ve menguada cada vez más porque el bloqueo de la energía emocional se intensifica *cada vez que ocurre una experiencia similar*. Cada vez que tenemos una nueva experiencia y que de alguna manera es similar al trauma original, nuestros sentimientos adquieren una intensidad desproporcionada respecto a lo que realmente sucede. Previamente me referí a esto como regresión de edad espontánea.

Una de las características de las familias disfuncionales es que en ellas está prohibido *sentir*. Esta situación no le permitió al niño interior de usted saber siquiera qué era lo que usted sentía. Otra peculiaridad de este tipo de familias es que en ellas está negado a *hablar*; por tanto la expresión de las emociones está prohibida. En algunos casos esto se refería a que solamente usted podía expresar *ciertas* emociones. En diferentes familias tienen variaciones sobre sus reglas de no hablar.

En mi familia, todas la emociones, excepto la culpa, estaban prohibidas. Se las consideraba una debilidad. Se me decía una y otra vez: "no seas tan emocional". Mi familia no era distinta a las miles de familias occidentales que cargan con la tradición de 300 años de "racionalismo". El racionalismo es la creencia de que la razón es suprema. Ser razonable es lo que constituye al ser humano, mientras que ser emocional es ser *menos* que humano. La represión,y avergonzarse por tener emociones, ha sido la norma en la mayoría de las familias occidentales.

Emociones reprimidas

Como las emociones son energía, claman por ser expresadas. Los niños de las familias disfuncionales a menudo no hallan aliados, nadie a quién expresar sus emociones. De modo que las expresan de la única manera que saben: "actuándolas exterior o interiormente". Mientras más temprano ocurre la represión, más destructivas son las emociones reprimidas. Estas emociones que no han sido expresadas son lo que yo denomino "dolor original". El rescate de dolor original pretende rexperimentar estos traumas iniciales y expresar las emociones reprimidas. Una vez que esto se logra, la persona ya no tiene que actuar interior o exteriormente las emociones reprimidas.

Hasta hace poco existía poca evidencia científica que apoyara el rescate del dolor original. Freud escribió extensamente sobre represión, disociación y desplazamiento y las definió como defensas primarias del ego. Pensó que, una vez formadas, estas defensas funcionan automática e inconscientemente. Sin embargo, no pudo explicar exactamente *cómo* funcionan estos mecanismos. Por ejemplo, ¿qué sucede en nuestro cerebro cuando refrenamos nuestras emociones dolorosas?

Los terapistas han podido *describir* algunas de las formas en que funcionan estos mecanismos defensivos. Por ejemplo, sabemos que una emoción puede ser atenuada tensando los músculos. A menudo la gente rechina los dientes y tensa las quijadas cuando está enojada. También las emociones pueden ser frenadas conteniendo el aliento. Respirar rápida y ligeramente es una forma común de evitar el dolor emocional.

LA AFLICCIÓN Y EL CEREBRO

Actualmente empezamos a comprender más ampliamente la defensa del ego gracias a las investigaciones en la química del cerebro y la fisiología del mismo. Dejando de lado la defensa del ego se llega a las emociones más tempranas. El rescate del dolor original permite una gran recuperación al facilitarle a uno sentir estas emociones contenidas del pasado. ¿Cómo se desarrolla este fenómeno?

El neurólogo Paul D. MacLean ha presentado un modelo del cerebro que nos ayuda a entender cómo nos afecta el trauma. MacLean describe al cerebro como "ternario", es decir, que está dividido en tres partes. Estas tres partes dentro de nuestro cerebro conforman nuestra herencia evolucionaria. El cerebro más primitivo o visceral es el de reptil. Este cerebro contiene nuestra más primitiva estrategia para la seguridad y la supervivencia: la *repetición*. Por ejemplo, la lagartija vive una vida muy sencilla. Su día consiste en comer algunas moscas y mosquitos sin que ella misma sea comida. *Repite* este patrón hasta que muere. Esta repetición tiene valor de supervivencia. También el cerebro visceral mantiene nuestras funciones físicas automáticas, como la de respirar.

El siguiente elemento dentro de nuestro cerebro es el paleomamífero o cerebro de *sensaciones*. Técnicamente se le denomina sistema límbico. Cuando entraron en la escena evolucionaria los mamíferos de sangre caliente, nació la energía emocional. El sistema límbico contiene nuestros sentimientos de excitación, placer, ira, miedo, tristeza, alegría, vergüenza, disgusto y asco.

El sistema más sofisticado dentro de nuestro cerebro es la neocorteza, o cerebro *pensante*. A través de él somos capaces de razonar, utilizar el lenguaje, hacer planes para el futuro, resolver aun aquellos problemas complejos y así sucesivamente.

Según McLean, estos tres sistemas cerebrales son independientes, pero se complementan para mantener el equilibrio de todo el cerebro. Ese equilibrio está gobernado por la necesidad de mantener al mínimo la aflicción dolorosa.

El cerebro no tiene ningún problema con las aflicciones ocasionales de la vida. Emplea la expresión de la emoción para mantener el equilibrio. Cuando nuestra aflicción alcanza cierto nivel, expresamos ira, lloramos de tristeza o sudamos y temblamos de miedo. Los científicos han demostrado que las lágrimas eliminan sustancias químicas causantes de tensión que se acumulan durante el trastorno emocional. El cerebro naturalmente procede a buscar el trastorno emocional y el equilibrio mediante la expresión de la emoción, a menos que nos hayan enseñado a inhibirlo.

Los niños que se desarrollan en familias con problemas aprenden a inhibir sus emociones de tres maneras: primera, no se les toma en cuenta; segunda, no tienen modelos sanos para expresar su emoción, y tercera, son avergonzados y/o castigados por expresar sus emociones. Estos niños son realmente *golpeados* por tener miedo, enfadarse o estar tristes.

La huella del trauma inicial

Mientras más pronto son inhibidas las emociones, más profundo es el daño. Existen evidencias de que hay un proceso en la maduración cerebral que sigue básicamente la secuencia evolucionaria de la formación del cerebro. Los neurocientíficos han demostrado que el cerebro visceral predomina en las últimas etapas del embarazo y en el primer periodo posnatal.

El sistema límbico empieza a operar durante los primeros seis meses de vida. El cerebro emocional permite que la importante vinculación inicial tenga lugar.

Cuando reflexionamos sobre el hecho de que el cerebro visceral tiene que ver con la supervivencia y está gobernado por la repetición, la idea de la *huella permanente* adquiere sentido. El neurocientífico Robert Isaacson afirma que es difícil desarraigar los recuerdos traumáticos porque los fijaron reacciones que nos han salvado la vida. El cerebro visceral aprende y difícilmente olvida; así el trauma permanece por tiempo indefinido. Todo aquello a lo que sobreviva el niño en los primeros años de su vida, época de intensa vulnerabilidad, quedará registrado.

La compulsión de repetir

La investigación neurológica apoya lo que cada psicoterapista, desde Freud hasta el presente, sabe antes que nada: que la gente neurótica tiene la compulsión de repetir.

También hay una explicación neurológica para las severas reacciones que mencioné antes. Los investigadores del cerebro han sugerido que las acrecentadas huellas neuronales de experiencias de tensión tergiversan la forma de reaccionar del organismo a estímulos recibidos cuando ya se es adulto. Las experiencias dolorosas realmente se graban en nuestro cerebro, de modo que éste se encuentra cada vez más preparado para reconocer como dolorosos aquellos estímulos que para otras personas pasarían inadvertidos.

Esto apoya la teoría de que una vez que el núcleo del cerebro es determinado durante la infancia, actúa como un filtro supersensible moldeando eventos subsecuentes. Las contaminaciones del niño herido caen en esta categoría. Cuando un adulto con un niño interior herido experimenta una situación similar a un suceso doloroso anterior, se desencadena también la reacción original. Se reacciona con intensa emoción ante algo que es realmente trivial o inocuo. Es decir, se responde a lo que no existe en el exterior pero que está presente aún en el interior de nosotros.

LAS DEFENSAS DEL EGO Y EL "CEREBRO CON PUERTAS"

El rescate del dolor original descansa en la hipótesis de que el dolor emocional inicial es atenuado e inhibido. *Lo actuamos exteriormente, porque nunca ha sido expulsado.* No se le puede expulsar: nuestro mecanismo inhibidor (defensa del ego) nos impide saber que el dolor emocional está allí.

"No puedes saber lo que no sabes", es un lema que empleamos en terapia. Actuamos exteriormente los sentimientos; los actuamos interiormente, o los proyectamos hacia otros. Como no podemos sentirlos, y como son una cuestión no terminada, necesitan expresión. Actuarlos hacia el interior o hacia el exterior y proyectarlos son las únicas maneras de expresarlos que conoce nuestro niño herido. Pero éstas no son soluciones permanentes. Mi compulsión (actitud clásica del niño herido) no terminó cuando dejé de beber. Simplemente la cambié por el trabajo compulsivo.

Hasta que no rescaté el dolor original de mi niño herido, continué actuándolo hacia el exterior en mi insaciable necesidad de excitación y alteración del humor. Mis defensas del ego mantuvieron inhibidas las emociones. Hace apenas 10 años descubrí los principales patrones de codependencia, el incesto físico y no físico, y el alcoholismo, que denominan mi historia familiar multigeneracional. Hasta que no deseché mis ilusiones y negativas acerca de mi familia y mi infancia, no pude rescatar mi dolor original.

Las investigaciones sobre el cerebro, de Ronald Melzack, pueden ayudar a explicar cómo funcionan las defensas del ego. Melzack decubrió una reacción biológica adaptable para inhibir el dolor que se denomina "puerta neuronal". Melzack señala que los tres sistemas cerebrales que posee el cerebro tienen fibras interconectadas que realizan tanto una función facilitadora como una función inhibidora. Con las puertas neuronales es como se controla la información entre los tres sistemas. Lo que llamamos represión puede ocurrir principalmente en la puerta que está entre el cerebro que piensa y el que siente. Expresándolo en la forma más simple posible, cuando el dolor emocional en el

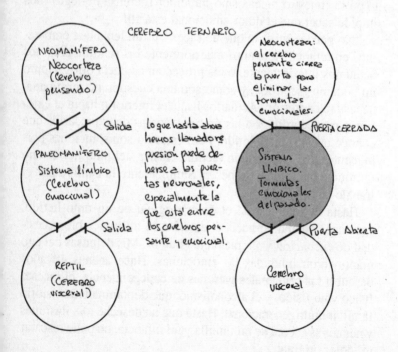

CEREBRO TERNARIO

NEOMAMÍFERO
Neocorteza
(Cerebro pensando)

Salida

PALEOMAMÍFERO
Sistema límbico
(Cerebro emocional)

Salida

REPTIL
(CEREBRO visceral)

Lo que hasta ahora hemos llamado represión puede deberse a las puertas neuronales, especialmente la que está entre los cerebros pensante y emocional.

Neocorteza: el cerebro pensante cierra la puerta para eliminar las tormentas emocionales.

PUERTA CERRADA

Sistema LÍMBICO. Tormentas emocionales del pasado.

Puerta Abierta

Cerebro visceral

sistema límbico alcanza el punto más alto, un mecanismo automático cierra la puerta que comunica con la neocorteza. Es como si un ruido intenso llegara de otra habitación y usted cerrara la puerta para no escucharlo.

Freud pensaba que las principales defensas del ego se integraban en defensas secundarias más sofisticadas conforme maduraba el ser humano. Estas defensas asumen la cualidad de *razonamiento*: por ejemplo, racionalizar, analizar, explicar y minimizar.

Trabajos recientes sobre el sistema límbico realizados por R. L. Isaacson apoyan esta teoría. Este investigador señala que el sistema de puertas de la neocorteza (el cerebro pensante) se encarga de "suprimir los hábitos y recuerdos del pasado... la neocorteza se ocupa profundamente de suprimir el pasado". Así, nuestro cerebro pensante puede funcionar sin ser molestado por el ruido y las señales generadas en nuestro mundo interno.

Pero estas señales *no se van*, sino que, suponen los investigadores, siguen viajando por circuitos cerrados de fibras nerviosas dentro del sistema límbico.

La energía del trauma original subsiste como una tormenta eléctrica que reverbera tensión por todo el sistema biológico. Personas que llevan una vida aparentemente racional pueden seguir soportando *vidas emocionales tormentosas*. Sus tormentas continúan porque el dolor original no ha sido rescatado.

RESCATE DEL DOLOR ORIGINAL

El rescate del dolor original pretende de hecho experimentar esos sentimientos reprimidos. Yo lo llamo proceso de descubrimiento. Es lo único que producirá un "cambio de segundo orden"; es decir, el cambio profundo que verdaderamente resuelve los sentimientos. En el cambio de primer orden, usted canjea una compulsión por otra. En el cambio de segundo orden, usted deja de ser compulsivo. Esto es lo que yo necesité para superar mi compulsión. Yo actuaba compulsivamente porque mi solitario y herido niño interior nunca había descargado su sufrimiento original. Seguí programas de 12 Pasos y controlé mi alcoholismo, pero continuaba actuando exteriormente. Proseguí como profesor, teólogo y terapista, pero todavía actuaba exteriormente. Leí todos los libros que encontré y discutí mis problemas en terapia, pero seguía actuando exteriormente. Yo procuraba alcanzar una conciencia más elevada; aprendí las maneras de los antiguos shamanes; conocí la curación con energía; participé en *Un Curso en Milagros*; medité y oré (a veces durante horas); pero seguía actuando exteriormente. Fui compulsivo aun en relación con la conciencia superior. Lo que no sabía era que necesitaba abrazar la solead y el dolor no expresado de mi acongojado pequeño niño acerca de su padre perdido, su familia perdida y su infancia perdida. Tenía que abrazar mi dolor original. Éste es el sufrimiento legítimo del que hablaba Carl Jung.

Dolor original como rescate de aflicción

La buena noticia es que el rescate del dolor original involucra el propio proceso de curación de la naturaleza. *La aflicción es la sensación restauradora*. Nos curaremos naturalmente si solo se nos permite afligirnos.

La aflicción comprende toda la gama de emociones humanas. El dolor original es una acumulación de conflictos no resueltos cuya energía ha aumentado con el tiempo. El niño interior herido está congelado porque no hubo manera en que pudiera expresar su aflicción. Todas las emociones están vinculadas por la vergüenza recurrente. Esta vergüenza resultó de la ruptura de nuestro primer "puente interpersonal". Llegamos a pensar, que no podíamos depender de nuestro primer tutor. En realidad, llegamos a creer que no teníamos derecho a *depender* de nadie. El aislamiento y el temor de depender de alguien son las dos consecuencias principales de la vergüenza recurrente.

Restauración del puente interpersonal

Con el fin de curar nuestras emociones recurrentemente avergonzadas, debemos salir de nuestro escondite y confiar en alguien. En este libro, les estoy pidiendo que *crean en mí* y *confíen en ustedes*. Para que su niño interior herido salga de su escondite, debe confiar en que usted estará presente para apoyarlo. Su niño interior también necesita un aliado, no avergonzado, para ratificar su abandono, descuido, abuso y confusión. En principio, estos son los elementos esenciales del rescate del dolor original.

Confirmando el abuso sufrido por usted

Créame: muchas de las acciones que realizaron sus padres y que usted consideraba legítimas en realidad fueron abusos. Si todavía se siente usted inclinado a minimizar y/o racionalizar las maneras en que fue avergonzado, ignorado o usado para que sus padres se desahogaran, necesita ahora aceptar el hecho de que esas cosas verdaderamente hirieron su alma. Algunos de ustedes fueron descaradamente victimados mediante agresión física, sexual o emocional.

Extrañamente, mientras más se abusó de usted, más creyó que era malo y más idealizó a sus padres. Ése es el resultado del vínculo de fantasía que describí anteriormente. Todos los niños idealizan a sus padres; así es como aseguran su supervivencia.

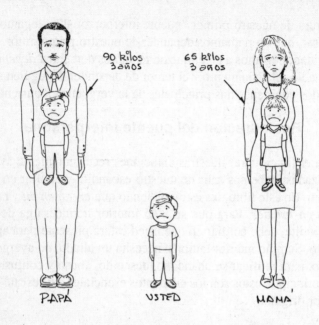

Esta idealización de los padres es la defensa básica del ego y debe ser derribada. Sus padres no eran malos, solo eran niños heridos. Imagínese que es usted hijo de un niño de tres años y 90 kilos, cinco veces más grande que usted, o de una niña de 65 kilos y tres años, de cuatro veces su tamaño. Sus padres hicieron lo que creyeron que era mejor, pero eso es algo que no puede comprender un infante de tres años.

Conmoción y depresión

Si todo esto lo impresiona, ¡magnífico!, porque *la conmoción es el principio de la aflicción*. Después de la conmoción viene la depresión y luego la negación. La negación permite que regresen nuestras defensas del ego. Esto ocurre generalmente como compensación. Decimos: "Bueno, realmente no estuvo tan mal. Tenía cuatro paredes y un techo sobre mi cabeza".

Por favor, créame: La situación *fue* muy negativa. Ser herido espiritualmente, que sus padres no lo dejaran ser usted, fue lo peor que le pudo pasar. Estoy seguro de que cuando usted era un niño y se enfadaba, le decían: "¡No me vuelvas a levantar la voz!". Esto le enseñó que no era correcto que fuera usted mismo, y ciertamente no era adecuado enfadarse. Lo mismo ocurrió con el miedo, la tristeza y la alegría. No era correcto que usted tocara su vagina o su pene, aunque se sintiera bien. No era aceptable que no le agradara el reverendo Herkimer, el rabí Kradow o el padre Walch. No estaba bien pensar lo que usted pensaba, querer lo que usted quería, sentir lo que usted sentía o imaginar lo que usted imaginaba. A veces no estaba bien ver lo que usted veía u oler lo que usted olía. No estaba bien *ser diferente o ser usted*. Aceptar o entender lo que estoy diciendo es validar o legitimar su herida espiritual, que es exactamente lo que yace en el fondo de cada niño herido interior.

Ira

El sentimiento que generalmente surge al afligirse, es la ira. Es la respuesta legítima a la herida espiritual. Si bien sus padres probablemente hicieron lo mejor que podían, al rescatar el dolor original usted acepta que las decisiones de sus padres *nunca* fueron convenientes. Lo significativo es lo que *realmente ocurrió*. Suponga que al mover en reversa el automóvil accidentalmente le aplastaron una pierna. Esto le provocó que cojeara muchos años y usted nunca supo por qué. ¿Tiene usted derecho a saber qué le sucedió? ¿Tiene derecho a sentirse lastimado y sufrir por ello? La respuesta a ambas preguntas es un inequívoco sí. Es correcto que se enfade, aunque no fue intencional lo que se hizo. En rigor, *tiene* usted que disgustarse si desea curar a su niño herido interior. Esto no significa que deba usted gritar y protestar (aunque podría hacerlo). Simplemente puede enfurecerse porque fue una situación molesta.

Herida y tristeza

Después de la ira surgen la herida y la tristeza. Si hemos sido víctimas, debemos lamentar esa traición. Debemos también lamentar lo que pudo haber sido, nuestros sueños y aspiraciones. Debemos lamentarnos de que durante nuestro desarrollo nuestras necesidades no fueran satisfechas.

Remordimiento

A menudo, a la herida y la tristeza sigue el remordimiento. Decimos: "Si las cosas hubieran sido diferentes, tal vez yo hubiera hecho algo diferente. Tal vez si yo hubiera amado más a mi padre y le hubiera hecho ver lo mucho que lo necesitaba, no me hubiera abandonado". Cuando atendía yo a víctimas de incesto y abuso físico, apenas podía creer que se sintieran culpables y tuvieran remordimientos acerca de su violación, como si de alguna forma ellas fueran responsables de lo sucedido. Cuando lamentamos la muerte de alguien, el remordimiento es, en ocasiones, pertinente; por ejemplo, tal vez deseamos haber pasado más tiempo con el finado. Pero al dolerse del abandono que sufrió en la infancia, debe usted ayudar a su niño herido a comprender que no pudo haber hecho nada diferente. Su dolor es acerca de lo que le ocurrió a él y no se refiere a él directamente.

La vergüenza recurrente y la soledad

Los más profundos sentimientos de aflicción son la vergüenza recurrente y la soledad. Nos avergonzó que nos hayan abandonado. Sentimos que somos *malos*, como si estuviéramos contaminados. Y esa vergüenza nos lleva a nuestra soledad. Como nuestro niño interior se siente inseguro y torpe, tiene que cubrir su verdadero yo con uno falso. Entonces llega a identificarse con su falso yo. Su verdadero yo permanece solo y aislado. Permanecer con estos sentimientos dolorosos es la parte más dura del proceso de aflicción. Es difícil mantenerse en ese nivel de vergüenza y soledad; pero al percatarnos de estos sentimientos, estamos del otro lado. Encontramos al yo que ha estado escondido. Porque como lo escondimos de otros, lo escondimos de nosotros mismos. Al abrazar nuestra vergüenza y soledad, empezamos a descubrir a nuestro verdadero yo.

PERCIBIENDO LOS SENTIMIENTOS

Todos estos sentimientos necesitan vivirse. Necesitamos irrumpir y acometer; sollozar y llorar; sudar y temblar. Todo esto toma tiempo. La recuperación de los sentimientos es un proceso, no un suceso. Pero la mejoría se nota casi inmediatamente. El contacto con el niño interior, el que él sepa que alguien está allí, suscita alegría y causa inmediato alivio. El tiempo que perdure la aflicción varía de persona a persona; nadie puede decir exactamente cuánto tiempo tomará el proceso de aflicción. La clave está en saber qué hacer para que cedan sus defensas. En realidad, no se pueden abandonar las defensas todo el tiempo. Existen lugares donde no es seguro rescatar la aflicción, y personas para las que tampoco es conveniente llevarla a cabo. Y necesitará usted descanso de vez en cuando.

Pero puede usted seguir avanzando a través de esos ciclos. Percibir los sentimientos es crucial. ¡*No se puede curar lo que no se puede sentir*! Es importante mantenerse a salvo mientras se realiza el rescate de los sentimientos, el cual se efectúa mejor con un compañero o un grupo. No vaya demasiado aprisa. Si se siente agobiado, suspenda el trabajo inmediatamente. Dese tiempo para asimilar sus logros.

CAPÍTULO 4

Recobrando su yo infante

UNA MUJER, NUESTRA MADRE, ES EL SER CON QUIEN
ENTRAMOS EN CONTACTO... TODO COMIENZA CON UNA
VERDADERA FUSIÓN DEL SER... EL HIJO ES UNA EXTENSIÓN
DE LA MADRE SIN FRONTERAS CLARAMENTE PERCEPTIBLES.
EXISTE UNA *MÍSTICA DE PARTICIPACIÓN*, UN FLUJO PSÍQUICO
DE LA MADRE AL NIÑO, Y DEL HIJO A LA MADRE.

KARL STERN

CUANDO LA MADRE NO ESTÁ SUFICIENTEMENTE EN
CONTACTO CON SU CUERPO, NO PUEDE DAR AL HIJO LA
VINCULACIÓN NECESARIA PARA OFRECERLE CONFIANZA EN
SUS PROPIOS INSTINTOS. EL NIÑO NO PUEDE RELAJARSE EN
EL CUERPO DE ELLA, NI DESPUÉS EN EL SUYO PROPIO.

MARION WOODMAN

ÍNDICE DE SOSPECHA

Este cuestionario esta basado en la idea del finado Hugh Missildine, que se incluyó en su libro clásico *Your inner child of the past*. El doctor Missildine fue mi amigo y me alentó mucho a continuar esta obra.

Conteste *sí* o *no* a las siguientes preguntas. Después de que lea cada pregunta, deje que sus sentimientos fluyan. Si se inclina usted a responder *sí*, conteste *sí*; si es por *no*, conteste *no*. Si contesta *sí* a cualquier pregunta, puede usted sospechar que su maravilloso niño interior ha sido herido. Hay grados de lastimadura. Está usted en algún punto en una escala de uno a cien. Mientras más *sienta* que las preguntas deben ser contestadas afirmativamente, más ha sido herido su yo infantil.

1. ¿Tiene usted o ha tenido en el pasado una adicción *ingestiva* (comer, beber, drogarse en exceso)? Sí_____ No_____

2. ¿Le es difícil confiar en su habilidad para satisfacer sus necesidades? ¿Cree usted que debe encontrar a alguien que las satisfaga por usted? Sí_____No_____

3. ¿Se le dificulta confiar en otras personas? ¿Considera usted que debe estar controlado en todo momento? Sí_____ No_____

4. ¿Puede usted reconocer las señales corporales que le indican una necesidad física? Por ejemplo, ¿come cuando no tiene hambre? ¿O a menudo no se da usted cuenta de lo cansado que está? Sí_____No_____

5. ¿Descuida usted sus necesidades físicas? ¿No le interesa la buena alimentación o no hace suficiente ejercicio? ¿Acude usted al doctor o al dentista sólo en caso de emergencia? Sí_____No_____

6. ¿Tiene usted grandes temores de ser abandonado? ¿Se siente usted o se ha sentido *desesperado* porque terminó una relación amorosa? Sí_____No_____

7. ¿Ha considerado usted suicidarse porque terminó una relación amorosa (su amante lo abandonó; su esposa presentó demanda de divorcio)? Sí_____No_____

8. ¿A menudo siente usted que realmente no encaja o no pertenece a algún lugar? ¿Siente usted que la gente realmente no lo acoge con agrado o no quiere su presencia? Sí_____No_____

9. En situaciones sociales, ¿trata usted de ser invisible, de modo que nadie advierta su presencia? Sí_____ No_____

10. ¿Intenta usted ser muy servicial (aun indispensable) en sus relaciones amorosas a fin de que la otra persona (amigo, amante, esposa, hijo, padre) no pueda dejarlo? Sí_____ No_____

11. ¿Es el sexo oral lo que usted más desea o imagina? Sí_____ No_____

12. ¿Necesita usted que lo toquen y lo abracen? (Esto se manifiesta a menudo por su necesidad de tocar o abrazar a otros sin que usted les pida que se lo permitan hacer.) Sí_____No_____

13. ¿Tiene usted una necesidad continua y obsesiva de ser valorado y estimado? Sí_____No_____

14. ¿A menudo es usted mordaz y sarcástico con otros? Sí_____ No_____

15. ¿Se aísla y permanece solo mucho tiempo? ¿A menudo siente usted que no vale la pena tener una relación? Sí_____ No_____

16. ¿Es usted ingenuo? ¿Acepta las opiniones de otros o se "lo traga todo" sin reflexionar sobre ellas? Sí_____No_____

INFANCIA NORMAL

Al venir al mundo teníamos necesidades muy específicas. Como dos personas no son exactamente iguales, debemos cuidar de no generalizar acerca del desarrollo humano. Sin embargo, existen aspectos comunes. El gran terapista Carl Rogers afirmó: "Lo que es más personal, es más general". Esto significa que mis más íntimas necesidades humanas y mis más profundos temores y ansiedades son más o menos compartidos por todo el mundo. Me asombró entender que, al compartir mis secretos, otros pueden identificarse conmigo.

El puente interpersonal

Durante la infancia, necesitamos que el mundo nos reciba con gusto. Necesitamos estar vinculados a una persona solícita, maternal, que nos sirva de espejo. Se llama a la infancia la etapa **simbiótica**, porque somos totalmente codependientes de nuestra madre u otra persona que cuide de nuestra supervivencia.

La vida comienza con una verdadera fusión del ser; nuestro destino depende de nuestra madre. Nos vinculamos con ella. Este vínculo crea un "puente interpersonal", que es la base de todas las relaciones futuras. Si el puente está construido sobre mutuo respeto y valoración, se establecerá la base sobre la cual pueden crearse nuevas relaciones. Si el niño está indebidamente avergonzado, ese puente se fraccionará y el pequeño llegará a pensar que no tiene derecho a depender de nadie. Esto lo preparará para desarrollar relaciones patológicas con los alimentos, las sustancias químicas, el sexo y así sucesivamente.

Saludable narcisismo

Necesitamos que la persona que nos cuida maternalmente nos tome en serio; que afirme que cada parte de nosotros es aceptable; que nos haga saber que alguien acudirá en apoyo nuestro suceda lo que suceda. Estas necesidades comprenden lo que Alice Miller llama nuestros saludables suministros narcisistas. Es decir, en que lo amen tal como es usted; en ser admirado y valorado; en ser tocado y tratado especialmente; en estar seguro de que la madre no lo abandonará; en ser tomado en serio. Cuando se satisfacen esas necesidades en la infancia, no tenemos que cargar con ellas cuando crecemos.

Madre buena

Para que una madre realice adecuadamente su trabajo, necesita estar en contacto con su propio sentido de ser YO. Tiene que amarse a sí misma, lo que significa que aprueba cada parte de su ser. Especialmente, necesita aceptar su cuerpo y estar relajada con él. La madre no puede brindarle a su hijo la sensación de bienestar físico, si ella misma no experimenta esa sensación. Tampoco puede ofrecerle la sensación de confianza en sus instintos, si ella no está relajada con los suyos propios.

Reflejo

La vida instintiva está gobernada por la parte más primitiva del cerebro. Se relaciona con el comer, dormir, tocar y descartar, y con la sensualidad, los placeres y dolores corporales. Está usted fundido con su madre. *Usted siente lo que ella siente*. Está usted disgustado cuando ella se disgusta. *Usted siente en usted lo que ella siente respecto a usted.* En la infancia, la sensibilidad es fundamental. No importa cuán bien la madre realiza el papel de madre. Lo que importa es cómo se siente en realidad acerca de su hijo. Si su madre está disgustada porque se embarazó y tuvo que casarse para tenerlo a usted, usted lo sabrá en un profundo nivel cinestético.

Tocar

Cuando fue usted niño necesitó ser tocado y abrazado *cuando usted necesitaba ser tocado y abrazado*. Necesitó usted ser alimentado cuando tenía hambre. La alimentación programada fue una lamentable herencia de pasadas generaciones. Los maestros de Zen pasan años para descubrir lo que todo niño sabe: que hay que dormir cuando se tiene sueño y comer cuando se tiene hambre. Cuando fue usted niño necesitó ser bañado para estar limpio. Como sus funciones corporales no estaban aún bajo su control muscular, dependió de la persona que lo cuidaba para estar limpio. Estas fueron *necesidades de dependencia.* Entonces no podía usted satisfacerlas.

Eco

Usted necesitaba escuchar en su derredor voces acogedoras, tiernas, tranquilas. Necesitó muchas expresiones afectuosas, una voz segura que significara un alto grado de seguridad. Más que nada, tal vez usted necesitaba una persona que confiara en el mundo y en su sensación de estar en el mundo. Erik Erikson estima que la primera tarea de desarrollo es el establecimiento de una sensación interior que se caracteriza por *confiar* en el mundo exterior. Confianza básica contra desconfianza es la primera tarea de desarrollo. Cuando esta polaridad se resuelve del lado de la confianza, surge una importante fuerza del ego. Esta fuerza forma la base de la esperanza. Si el mundo es digno de confianza, entonces es factible ser quien "soy". Puedo estar seguro que lo que necesite estará allí.

SER BUEN PADRE, LA MAS DÍFICIL DE LAS TAREAS

Ser buen padre es una tarea difícil. Creo que es *el trabajo más duro que realizará cualquiera de nosotros*. Para ser buen padre necesita estar mentalmente sano. Necesita satisfacer sus propias necesidades con sus propios recursos, y requiere de una esposa u otra persona respetable que lo apoye en el proceso. Ante todo, *debe usted haber curado a su propio niño herido*. Si su niño interior está todavía herido, gobernará a su hijo con ese niño interior egoísta, asustado. Hará usted mucho de lo que sus padres le hicieron a usted o hará lo opuesto. De cualquier modo, estará usted tratando de ser el padre perfecto con que soñó el niño herido que lleva en su interior. Sin embargo, actuar de manera opuesta es igualmente dañino para sus hijos.

Recuerde, *no culpo a los padres de nadie*. Fueron adultos heridos que trataban de realizar una tarea enormemente difícil. Con todo, ningún padre ha sido nunca perfecto, y ningún nuevo padre lo será. Lo importante es tratar de curar a nuestro propio niño herido interior para no dañar a nuestros hijos.

DESORDEN DEL CRECIMIENTO

Fritz Perls describió la neurosis como un "desorden del crecimiento". Eso me gusta. Es una buena manera de expresar el problema de la vergüenza recurrente de su niño herido interior y la resultante codependencia. No seríamos adultos codependientes si nuestras necesidades de desarrollo hubieran sido satisfechas. Al no haber sido satisfechas adecuadamente estas necesidades en la infancia, surgieron graves problemas. El índice de sospecha mencionado al principio de este capítulo describe algunos de estos problemas. Pueden ser resumidos bajo el término de *privación narcisista*. No tuvimos ni reflejo ni eco cuando los necesitábamos. No fuimos amados incondicionalmente; como resultado, no desarrollamos un sentido básico de confianza. Esto origina que algunas personas se desahoguen con adicciones ingestivas. Pero, sobre todo, cuando no se satisfacen las necesidades de la infancia, el individuo se siente avergonzado de sí mismo, tiene la sensación profunda que algo *anda mal en él*.

No crezca

Tal vez usted aprendió a seguir siendo niño de modo de poder cuidar de las heridas narcisistas de sus padres. Si fue un niño obediente, papá y mamá supieron que podían contar siempre con usted. Tenían la seguridad de que nunca los abandonaría como lo hicieron sus propios padres. Usted sería una fuente constante de valor y estimación para ellos. Así, se convirtió en aquel que satisfizo las necesidades narcisistas de ellos.

Abandono emocional

Cualquier niño que se desarrolle en un sistema familiar disfuncional, sentirá privación y abandono emocionales. La respuesta natural al abandono emocional es una vergüenza tóxica muy arraigada que engendra ira inicial y una fija sensación de lesión. No hubo manera de que pudiera quejarse de esto en la infancia. No había nadie que estuviera con usted y valorara su dolor; nadie que lo abrazara mientras lloraba o se enfurecía por las injusticias de la vida. Para sobrevivir, las principales defensas de su ego protestaron y su energía emocional quedó congelada y sin solución.

INTERROGATORIO

Le sugiero que recabe toda la información que pueda acerca de su sistema familiar. ¿Qué ocurría cuando usted nació? ¿De qué clase de familias procedían su padre y su madre? ¿Era su mamá y/o su papá unos adultos con niños heridos en su interior? Conviene anotar los datos claros y precisos para cada etapa de desarrollo de la infancia. Es probable que sienta usted alguna pena mientras transcribe esos datos. Solo trate de concentrarse en obtener información precisa sobre su infancia.

COMPARTA SU INFANCIA CON UN AMIGO

Una vez que ha escrito todo lo que sabe acerca de su infancia, es importante que lo comente con alguien. Si está usted recibiendo terapia y su terapista está de acuerdo que realice las actividades que recomienda este libro, comparta sus escritos con él o ella, o con su padrino si participa usted en un programa de 12 Pasos. Puede usted compartirlo con cualquiera en quien usted confíe genuinamente, quizá sea un miembro de la iglesia o un buen amigo. Lo que importa es *que alguien lo escuche y confirme su dolor original*. Esta persona debe reflejar y hacerse eco de su realidad como un niño. Si la persona empieza a interrogarlo, a discutir con usted, o a ofrecerle consejos, *no está usted obteniendo lo que necesita.*

No es aconsejable compartir esta información con un padre u otros miembros de la familia, a menos que participen en un programa de recuperación personal.

SINTIENDO LOS SENTIMIENTOS

Si es usted un Niño Perdido, probablemente ya ha tenido algunos sentimientos acerca de su infancia. Si posee una foto de cuando era niño, échele un largo vistazo. Si no tiene la foto, busque un niño y contémplelo durante algún tiempo. En ambos casos, advierta la energía que emana de ese pequeño. He aquí un niño inocente, maravilloso, que sólo desea la oportunidad de vivir su propio destino. Este niño no pidió nacer. Todo lo que quería como infante era un poco de alimento y amor, a fin de crecer y prosperar. Imagínese que alguien trae a este precioso infante al mundo y no lo quiere.

Habría sido más honrado llevar a un orfanato al infante no deseado.

ESCRIBIENDO CARTAS

Suponga que usted, sabio y amable anciano, quiere adoptar un niño. Imagínese que ese niño que va a adoptar es *usted cuando era niño.* Además, piense que usted necesita escribirle a ese niño una carta. Los niños no saben leer, naturalmente, pero confíe en mí, es importante escribir esa carta. (No escriba la carta si no desea realmente recuperar su precioso infante. Sin embargo, supongo que eso quiere usted, o no habría adquirido este libro.) La carta puede tener solo un párrafo o dos. Dígale a su niño interior que usted lo ama y está muy feliz de que sea un niño (o una niña). Confíele que usted lo *quiere* y que le dedicará todo el tiempo que necesite para que crezca y se desarrolle. Asegúrele que usted sabe qué es lo que él necesita de usted, que usted se lo dará y que trabajará con mucho ahínco para verlo como la preciosa y maravillosa persona que es. Cuando haya concluido su carta, léala en voz alta y lentamente y advierta los cambios que operan en usted. Si usted se siente triste y desea llorar, ¡hágalo!

A continuación presento la carta que yo escribí.

> Querido Juanito:
> Me alegro mucho de que hayas nacido. Te amo, y deseo que siempre estés conmigo. Me alegro de que seas niño y quiero ayudarte a crecer.
> Dame una oportunidad de mostrarte lo mucho que me importas.
>
> Te quiero,
> Juan Grande

Carta de su infante interior

Ahora, aunque lo considere muy extraño, quiero que se escriba usted una carta desde su infante interior. *Escríbala con su mano no dominante.* Si es usted diestro, esto significa que deberá utilizar su mano izquierda. (Esta técnica requiere que el lado no dominante de su cerebro pase por alto el lado racional del mismo. Esto le facilitará ponerse en contacto con los sentimientos de su niño interior.) Desde luego, sé que los infantes no saben escribir, pero el suyo no escribirá mucho, probablemente solo un corto párrafo. Por favor lleve a la práctica este ejercicio. Así quedó mi carta.

Querido Juan:

Quiero que vengas por mí,
Quiero que alguien se preocupe
por mí. No quiero estar solo.
Te quiere, Juanito.

AFIRMACIONES

Si sus necesidades de la infancia no fueron satisfechas, el infante que lleva herido en el interior todavía está presente con toda su energía original. Aún necesita la atención que nunca tuvo, todavía necesita esas palabras que le den la bienvenida al mundo. He aquí algunas palabras amorosas que puede usted decirle a su infante interior:

Bienvenido al mundo, te he estado esperando.
Me alegra mucho que estés aquí.
Te he preparado un lugar especial para que vivas.
Me agradas tal como eres.
No te abandonaré, pase lo que pase.
Comprendo tus necesidades.
Te dedicaré todo el tiempo que necesites para satisfacer tus necesidades.
Me alegra mucho que seas un niño (o una niña).
Quiero cuidarte y estoy dispuesto a hacerlo.
Me gusta alimentarte, bañarte, cambiarte de pañales y pasar el tiempo contigo.
En todo el mundo, nunca ha habido otro niño (o niña) como tú.
Dios sonrió cuando tú naciste.

MEDITACIÓN DEL INFANTE INTERIOR

Necesitará usted una hora, sin interrupciones, para esta meditación. Aconsejo que tenga a la mano una caja de Kleenex o un pañuelo. Siéntese en una silla cómoda con sus brazos y piernas extendidos. Infórmele a alguien en quien usted confíe que está a punto de realizar este ejercicio (a menos que haya riesgo de que usted se avergüence por hacerlo). Tal vez usted desee comprobar algo con esta persona cuando el ejercicio haya concluido. Recuerde lo que comenté en la introducción de esta sección. No haga este ejercicio si:

- Está enterado que usted está mentalmente enfermo o si tiene antecedentes de enfermedad mental.
- Es usted una víctima no tratada de violencia física o sexual, incluyendo violación.
- Fue usted vapuleado emocionalmente.
- Usted fue un adicto a sustancias químicas y ahora se encuentra en recuperación.
- Su terapista no le permitió llevarlo a cabo.

Si tiene usted objeciones religiosas, debe saber que no hay nada en este ejercicio que sea contrario a Dios. Además, necesita percatarse de que usted entra y sale del estado de trance varias veces al día. No hay nada que yo le pida que haga, que no haya hecho ya o que no sepa cómo hacerlo. Recuerde, el problema del niño interior herido resulta en parte de la *espontánea* regresión de edad. No olvide que puede usted interrumpir la meditación en cualquier momento si se siente agobiado.

La primera parte de esta meditación se utilizará en todas las etapas de desarrollo. Grábela, haciendo pausas de 15 segundos entre las frases, como se indica.

Para iniciar el ejercicio, debe sentarse cómodamente y percatarse de todo lo que le rodea... Ubíquese en el tiempo y el espacio. Sienta su espalda y su asiento tocando la silla en que esté usted sentado... Perciba la ropa en su cuerpo... Escuche tantos sonidos diferentes como pueda... Sienta el aire de la habitación... Por el momento, usted no tiene ningún lugar a dónde ir ni nada qué hacer... Puede usted cerrar los ojos si no lo ha hecho ya... Concéntrese en su respiración... Sienta el aire que entra y sale de sus pulmones... Perciba el aire en su nariz cuando inhala y exhala... Si algún pensamiento lo interrumpe, no se preocupe, es normal. Mientras sigue respirando, puede aferrarse a su conciencia todo lo que quiera... O puede poner en práctica la manera como usted se relaja... Cuando niño aprendió usted a contenerse y soltarse... Usted sabe realmente cuánto contenerse y cuánto soltarse... Usted aprendió el equilibrio perfecto cuando aprendió a respirar siendo niño... Aprendió a inhalar... y a retener el aire lo suficiente para oxigenar sus pulmones... Y aprendió a soltarse... y a sentir salir el aire... Así que realmente usted sabe cuánto retener y cuánto soltar... Y ahora puede usted sentir pesados sus párpados... Deje que se cierren... Quizá sienta pesada su quijada... o que no puede mover sus manos... Tal vez usted sienta pesadas sus piernas y sus pies... O que no puede mover las piernas... O puede usted sentir lo opuesto, que todo su cuerpo está flotando... Que sus manos y sus brazos son como plumas... Usted realmente sabe lo que siente, pesadez o ligereza... Y, sea lo que sea, es exactamente correcto para usted...

Y ahora puede usted evocar algunos recuerdos de su infancia... Puede recordar sus primeros días de escuela... y a su mejor amigo en ese momento... Puede recordar a uno de sus maestros o a algún vecino... la casa en que vivió antes de ir a la escuela... ¿De qué color era la casa?... ¿Era un departamento?... ¿Un remolque?... ¿Vivió usted en la ciudad?... ¿En el campo?... Ahora puede usted ver las habitaciones de la casa... ¿Estando en la casa, a dónde pasaba el tiempo?... ¿Tenía usted un cuarto especial?... ¿Dónde estaba la mesa del comedor?... Observe quién está en la mesa del comedor... ¿Qué sentía cuando estaba sentado a la mesa?... ¿Qué se sentía vivir en esa casa?...

Ésta es la introducción general para cada etapa de desarrollo. Pero cada etapa tiene una instrucción específica.

Ahora imagine o recuerde la casa en que vivió su familia cuando usted nació... Imagine el cuarto donde usted dormía después de nacer... Observe qué niño tan hermoso era usted... Escuche su voz cuando balbuceaba, lloraba, reía... Imagine que puede usted cargarse a sí mismo cuando era pequeño... Está presenciando su propia infancia... ¿Quién más está allí?... ¿Su mamá?... ¿Su papá?... ¿Cómo se siente haber nacido en esa casa y con esas personas?... Ahora piense que es usted ese precioso infante diminuto quien observa todo eso... Imagine que usted ya creció... Obsérvese como una persona mágica, o simplemente a usted... Sienta la presencia de *alguien* que lo ama. Ahora imagínese que los adultos lo tomaron en brazos. Escúchelos decirle tiernamente las siguientes palabras:

Bienvenido al mundo, te he estado esperando.
Me alegro mucho de que estés aquí.
He preparado un lugar especial para que vivas.
Me agradas tal como eres.
No te abandonaré, pase lo que pase.
Comprendo tus necesidades.
Te dedicaré todo el tiempo que necesites para satisfacer tus necesidades.
Me alegra mucho que seas un niño (o una niña).

Quiero cuidarte y estoy dispuesto a hacerlo.

Me gusta alimentarte, bañarte, cambiarte pañales y pasar el tiempo contigo.

En todo el mundo nunca ha habido otro niño (o niña) como tú.

Dios sonrió cuando tú naciste.

Deje que sus sentimientos fluyan cuando escuche estas frases.

Ahora, deje que su adulto lo ponga donde estaba... Escúchelo asegurarle que nunca lo abandonará... Y que en lo sucesivo siempre podrá usted contar con él... Ahora conviértase otra vez en adulto... Mire a su precioso yo infante... Percátese de que lo acaba usted de recuperar... *Sienta la sensación de esa bienvenida a casa*... Ese pequeño infante es bienvenido, amado y *nunca* estará *solo otra vez*... Salga de ese cuarto, de esa casa, y mire atrás conforme se aleja caminando... Camine por la calle del recuerdo... Camine más allá de su primera escuela... Camine hacia sus años de adolescencia... Recuerde cuando se convirtió en adulto... Ahora camine a donde está usted *en ese momento*... sienta los dedos de sus pies... Muévalos... Perciba la energía a través de sus piernas... Sienta la energía en su pecho mientras inhala profundamente... Exhale ruidosamente... Sienta la energía en sus brazos y dedos... Mueva sus dedos... Sienta la energía en sus hombros, cuello y quijada... Estire sus brazos... Sienta su cara y concéntrese en el presente... Regrese plenamente a su conciencia normal...   Y abra sus ojos.

Permanezca sentado un rato y reflexione sobre la experiencia que acaba de tener. Sumérjase en cualquier cosa que sienta. Fije su atención en las imágenes que lo impresionaron más.

Al final de la reflexión escriba sus pensamientos e impresiones si siente deseos de hacerlo. Hable con su esposa, su asesor o con un amigo, si lo desea. Dese cuenta de que el adulto que es usted puede cuidar del pequeño infante que lleva dentro.

Algunas personas tienen problemas para visualizar lo que se les pide. Todos percibimos, pero no todos visualizamos fácilmente. No se preocupe si tiene dificultad para visualizar, percibirá las cosas a su modo.

Algunas personas no pueden ver, escuchar o sentir a su niño interior herido. He descubierto que la causa de esto es que durante el ejercicio ellos *son* el niño. Están realmente en su estado de niño herido. Si esto le pasó a usted, practique el ejercicio una vez más, tratando de verse, usted mismo, como adulto y escuchar a su yo adulto confirmarle su tierno amor.

Algunas personas consideran que el niño será una nueva carga si consienten en llevarlo al hogar. Si usted opina así, probablemente esté sobrecargado de responsabilidades. Sólo recuerde, mantenerse en contacto con su niño interior le tomará unos cuantos minutos al día. Éste es un niño al que no hay que alimentar, vestir o vigilar. Amar y reconfortar a su niño interior es una forma de que tenga tiempo para usted, lo cual probablemente no ha estado usted haciendo.

Ahora que usted ha recobrado a su yo infantil, repita durante varios días estas afirmaciones. Imagínese que acaricia a su yo infantil diciéndole en voz alta: "¡Tú perteneces aquí! Nunca ha habido otro tú. Eres irremplazable, único". Vaya al parque y mire la hierba, las flores, los pájaros, los árboles y animales. Todos pertenecen al universo. Son parte necesaria de la creación. Y usted forma parte de todo eso. Usted es tan necesario como los pájaros y las abejas, los árboles y las flores. Usted pertenece a esta tierra. ¡*Bienvenido*!

Trabajando con un compañero

Sería estupendo que realizara usted esos ejercicios con un compañero. Ambos necesitan estar allí, uno para el otro, de una manera especial. Debido a que el niño interior necesita saber que no se va usted a marchar de pronto, tienen que comprometerse a estar presentes para el otro mientras ejecutan estos ejercicios. Uno de ustedes será el que exprese las frases.

Cuando esté listo para llevar a cabo el ejercicio, léale a su compañero lenta y cuidadosamente las introducciones generales para la meditación. La diferencia entre hacer el ejercicio solo y con un compañero es que, en este último caso, usted expresa las frases en voz alta mientras abraza y acaricia a su compañero de la manera física que él desee. Cuando termine, cambie de *rol* con él.

Trabajando con un grupo

En mis talleres de terapia para rescatar al niño interior, la mayor parte del trabajo de recuperación se efectúa en grupos. Creo que el trabajo en grupo es la forma más provechosa de terapia. Al final del taller, les hago ver a los participantes que han sido el principal recurso para el otro. Quiero que la gente sepa lo que puede lograr por sí misma.

Sin embargo, durante el proceso de recuperación, siempre está al pendiente algún terapista entrenado por si alguna persona sufre de agobio emocional.

Se ofrecen las siguientes sugerencias a:

• terapistas o asesores adiestrados que desean conducir grupos a través del proceso de recuperación;

• miembros de grupos de recuperación basados en la ayuda mutua;

- quienes deseen un desarrollo personal y que estén dispuestos a seguir los lineamientos que he establecido.

Para formar un grupo, necesita usted un mínimo de cinco personas y no más de nueve. Es conveniente que participen en el grupo cuando menos dos personas del sexo opuesto. La razón es que usted tuvo una madre y un padre, y necesita escuchar voces masculinas y femeninas.

Es importante que cada persona se dé cuenta que está allí para apoyar y permitir que las otras *experimenten sus sentimientos*. Los miembros del grupo deberán convertirse en espejo y eco unos de otros. Esto producirá expresiones tales como: "Veo temblar tus labios y siento tu tristeza mientras lloras", o "sentí ira (o miedo o tristeza) cuando describías tu infancia". Como miembro del grupo *nunca* debe usted analizar la conducta de los compañeros, ofrecer consejo o tratar de corregir a los miembros del grupo. Muchos adultos aprendieron a interesarse en los demás al convertirse en cuidadores. Por lo tanto, tienen la *adicción* a componer y ayudar. A menudo distraen a la persona de sus emociones con frases como: "mira el lado amable", o "consideremos tus alternativas", o preguntan *por qué* ("¿Por qué crees que bebía tu padre?"). Sin embargo, es mejor decir: "¿Cómo te sientes ahora?", o "¿Qué te pareció eso?, o "¿Si tu tristeza pudiera hablar, qué diría?". Esto alienta a las personas a expresar sus emociones.

Recuerde, que ésta es una actividad que pretende rescatar el *dolor original*. A menudo tratamos de separar a las personas de sus emociones, porque las nuestras no han sido expresadas.

Las personas que tienen la tendencia a ayudar, *siempre* se están ayudando a ellas mismas. Como han aprendido a interesarse en los demás, vencen su profunda sensación de impotencia ayudando a otros.

Hay una ayuda verdadera, sin embargo. Aquella que permite que otras personas sean *quienes son*, dejándolas tener sus propios sentimientos y reconociendo esos sentimientos cuando los están experimentando. Tal reconocimiento puede ser expresado así: "Te veo y oigo y te juzgo tal como eres. Acepto y respeto tu realidad".

Cuando se ha desarrollado en una familia disfuncional basada en la vergüenza es difícil participar con otros individuos de la manera que he descrito. Ninguno de nosotros lo hará con perfección; ningún grupo puede hacerlo perfectamente. Cuando se percata usted de que está evocando sus propias necesidades, simplemente aclare que lo que le está diciendo a la persona se refiere a *usted*, no a él.

Con todo, si su compañero o una persona de su grupo se siente verdaderamente agobiada, detenga el ejercicio. Haga que lo vea a los ojos y le conteste preguntas breves como: "¿De qué color es mi camisa? ¿Dónde vive? ¿Cuántas personas hay en el salón? Estas preguntas fuerzan a la persona a concentrarse en el presente. Cuando las personas se sienten agobiadas quedan atrapadas en la energía del pasado. Usted necesita ayudarlas a regresar al presente.

Cuando esté usted listo para realizar este ejercicio, seleccione a la persona del grupo que posea la voz más tranquila para grabar la sesión p.105 Grabe hasta la frase: ."Imagine ahora que es usted ese precioso infante que mira todo esto". Solicítele a los miembros del grupo que se toquen con sus pulgares izquierdos uno de los dedos de su mano izquierda. Pídales que mantengan el contacto durante treinta segundos.

Ahora reproduzca la grabación para el grupo. Cuando haya terminado, todos habrán rexperimentado la manera como nacieron. Y cada uno habrá creado un *ancla* de esta sensación con su pulgar y dedo izquierdos. Un ancla es un detonador sensorial asociada con una experiencia pasada. Las viejas canciones son buenos ejemplos de anclas. Al escuchar una canción antigua la asociaciamos con un viejo amigo o amiga o con el verano cuando teníamos 15 años.

A continuación hay que formar con los miembros del grupo un círculo colocando una silla en medio. Cada uno de los miembros del grupo pasará al centro del círculo. Cuando a cada uno le toque su turno, *primero establecerá sus límites físicos*. Por ejemplo, enséñele al grupo cuán cerca de usted deben sentarse y cómo, y si desea que lo abracen, toquen o acaricien. La persona del centro inicia la sesión tocando su pulgar y dedo izquierdos, es decir, tocando el ancla sensorial que crearon durante la meditación. El propósito de esto es ponerse *en contacto* con los primeros recuerdos de la infancia.

Una vez que está usted en el centro, habiendo establecido sus límites físicos y tocado su ancla, el proceso se inicia.

Cada miembro del grupo, lenta y afectuosamente, le expresa las frases que ha elegido de la lista (págs. 107-8). Debe existir un intervalo de 20 segundos antes que el siguiente miembro le señale la frase que ha elegido; así, hasta que el grupo haya dado la vuelta *tres* veces. Cuando todos han terminado, permita que cada persona exprese su experiencia de haber estado en el centro. Recuerde, la experiencia de cada persona será única.

Ahora que ha reclamado usted a su yo infante, podemos proceder a reclamar a su bebé.

CAPÍTULO 5

Recobrando su yo bebé

QUIEN ANDA DE PUNTITAS, NO PUEDE PARARSE,
QUIEN DA ZANCADAS, NO PUEDE CAMINAR.

PROVERBIO CHINO

BEBÉ
(VINCULACIÓN OPOSICIONAL)

YO SOY YO

EDAD: 9 A 18 MESES
(ETAPA EXPLORATORIA)

18 MESES A 3 AÑOS
(ETAPA DE SEPARACIÓN)

POLARIDAD DE DESARROLLO: AUTONOMÍA CONTRA VERGÜENZA Y DUDA

FUERZA DE EGO: FUERZA DE VOLUNTAD
PODER: PRESENTIR Y HACER

CUESTIÓN DE RELACIÓN: NACIMIENTO PSICOLÓGICO;
CONTRADEPENDENCIA

ÍNDICE DE SOSPECHA

Conteste *sí* o *no* a las siguientes preguntas. Después de que lea cada pregunta, espere y deje que afloren sus sentimientos. Si usted siente una energía que lo inclina a contestar *sí*, pues hágalo. Por el contrario, si piensa que debe contestar *no*, proceda a escribir su respuesta. Si usted contesta *sí* a cualquier pregunta, quizá su maravilloso niño interior ha sido herido. Hay diversos grados de daño. Usted se encuentra en algún punto en una escala de uno a 100. Mientras más preguntas conteste afirmativamente, más herido se encontrará su yo bebé.

1. ¿Tiene usted dificultad para saber qué es lo que quiere? Sí_____ No_____
2. ¿Tiene usted miedo de explorar la situación cuando llega a un nuevo lugar? Sí_____No_____
3. ¿Teme usted tener *nuevas* experiencias? Si se atreve a tenerlas, ¿siempre espera hasta que otro ha intentado tenerla primero? Sí_____No_____
4. ¿Teme usted ser abandonado? Sí_____No_____
5. En situaciones difíciles, ¿desea usted que alguien le diga qué hacer? Sí_____No_____
6. Si alguien le hace una sugerencia, ¿siente usted que debe seguirla? Sí_____No_____
7. ¿Le cuesta trabajo realizar las actividades que desea? Por ejemplo, cuando usted va de excursión y en una escala usted decide admirar un paisaje excitante, ¿le preocupa que el autobús que lo transporta se marche sin usted? Sí_____ No_____
8. ¿Se preocupa usted fácilmente? Sí_____No_____
9. ¿Le cuesta trabajo ser espontáneo? Por ejemplo, ¿se sentiría usted incómodo si cantara frente a un grupo de personas

sólo porque está contento? Sí_____No_____

10. ¿Tiene usted frecuentes conflictos con personas que tienen autoridad? Sí_____No_____

11. ¿A menudo utiliza palabras que aluden a la defecación o a la orina? ¿Su sentido del humor se basa en bromas con esos temas? Sí_____No_____

12. ¿Le obsesionan los traseros de los hombres o de las mujeres? ¿Prefiere usted fantasear acerca del sexo anal o a llevarlo a la práctica más que cualquier otra actividad sexual? Sí_____ No_____

13. ¿A menudo se le acusa de ser tacaño con el dinero, el amor, con la expresión de emociones o el afecto? Sí_____ No_____

14. ¿Tiende a ser obsesivo con la limpieza? Sí_____ No_____

15. ¿Teme usted a la ira de otras personas? ¿A la de usted mismo? Sí_____No_____

16. ¿Haría casi cualquier cosa por evitar los conflictos? Sí_____ No_____

17. ¿Se siente usted culpable cuando le dice *no* a alguien? Sí_____No_____

18. ¿Evita usted decir que *no* directamente, pero a menudo se rehúsa de manera indirecta y pasiva a hacer lo que ha prometido? Sí_____No_____

19. ¿A veces "enloquece" y pierde el control? Sí_____ No_____

20. ¿Con frecuencia critica usted excesivamente a otras personas? Sí_____No_____

21. ¿Es amable con las personas después de la crítica? Sí_____No_____

22. ¿Cuando alcanza el éxito, tiene usted problemas para disfrutarlo? Sí_____No_____.

Estas preguntas corresponden al periodo de bebé. Las preguntas de la 1 a la 9 cubren de los 9 a los 18 meses. Es decir, la primera parte de la etapa de bebé, que comprende el gatear, el tocar, el saborear y en general el ser curioso y el estar ansioso por explorar el mundo que lo rodea.

Las preguntas de la 10 a la 22 cubren de los 18 meses a los 3 años. A este periodo se le denomina etapa de *separación*. Es una etapa de *contradependencia* caracterizada por la *vinculación oposicional*. En la vinculación oposicional el niño dice "no", "déjame hacerlo" y "no quiero", especialmente en respuesta a las peticiones paternales. Desobedece, pero siempre a la vista paterna. El niño está aún vinculado a sus padres, pero debe oponerse a ellos a fin de separarse y ser él mismo.

A este proceso de separación se le compara con un segundo nacimiento o nacimiento psicológico. Marca el verdadero inicio de nuestro Ser Yo.

Se considera que el niño posee fuerza de voluntad cuando puede "contenerse" apropiadamente (cuando desea ir al baño en un lugar sin este servicio) y "relajarse" de manera conveniente (cuando mamá lo sienta en la bacinica o lo manda a dormir). La contención y el desahogo también requieren de un equilibrio de las emociones. La natural chispa de la vida impulsa a los niños a ser ellos mismos, a querer hacer cosas a su manera. Al principio, los niños no poseen equilibrio emocional, aunque se mueven hacia la autonomía decididamente. En esta edad tienden a ser absolutistas y pueden actuar como pequeños "dictadores". Hacen berrinche cuando no obtienen lo que quieren. Lo que necesitan son padres firmes pero pacientes, que fijen límites apropiados para su edad. En ese momento el niño necesita a ambos padres. A veces para la mamá resulta demasiado manejarlo, y el papá necesita intervenir y establecer límites saludables. El padre es el símbolo del individualismo; la madre representa para el niño, el de la unificación.

Los niños necesitan expresar su separación y explorar sus diferencias. Al principio desean todo lo que les agrada. Cuando los padres intervienen para fijar límites surge el conflicto. Los pequeños necesitan aprender que *aunque se enfaden con mamá y papá, éstos seguirán estando allí para atenderlo a él*. Debe enseñárseles a resolver conflictos y que no pueden lograr siempre todo lo que desean. Estas lecciones se aprenden en el periodo de temprana infancia mientras el niño desarrolla un sentido de vergüenza y duda.

La vergüenza saludable es simplemente una emoción con *límites*. Nos permite ser humanos, ser imperfectos. No necesitamos mucha vergüenza, solo la suficiente para saber que no somos Dios. "La vergüenza salvaguarda al espíritu", dijo Nietzsche. La duda nos impide saltar desde un edificio y nos permite colocar barreras para asegurar nuestra vida.

La fuerza de voluntad saludable es la meta de esta etapa. Nos permite desarrollar el *poder de realizar cosas*. No podemos hacer las cosas bien sin una disciplina. Alguien dijo una vez que de todas las máscaras de la libertad, la disciplina es la más misteriosa. Necesitamos disciplina para ser libres.

Uno de los principales resultados de una saludable autonomía, además de la fuerza de voluntad equilibrada, es la realización de la "constancia objetiva". Esto significa simplemente que cuando el niño llega a los tres años de edad necesita entender que *nadie es perfecto*, ni sus padres ni él. Un saludable sentido de vergüenza ayuda a lograr este entendimiento. La constancia objetiva nos permite observar al mundo como el fenómeno *imperfecto* que realmente es. Es cuando el niño se da cuenta que sus padres a veces le proporcionarán placer y a veces se lo quitarán, y no obstante eso seguirán siendo sus padres aunque, desde el punto de vista del niño, puedan ser buenos y malos. El niño también necesita aprender que sus sentimientos y actitudes son ambivalentes. Unos días está contento; otros, triste. Contento o triste, sigue siendo la misma persona. Los adultos que llevan en su interior un niño herido y que no aprendieron esta lección, tienden a ser rígidos y absolutistas. Piensan en todo o nada.

DESORDEN DEL CRECIMIENTO

En esta etapa es especialmente importante que los padres establezcan los límites adecuados. También es esencial que tengan un fuerte sentido de la fuerza de voluntad, la cual permite controlar las emociones, expresándolas cuando es apropiado (cuando alguien pone su equipaje encima del sombrero de usted) y conteniéndolas en el momento oportuno. (Cuando el agente de tránsito lo detiene por circular a velocidad excesiva.) También le permite a usted decir *no* a los demás y a usted mismo. Lo que es más importante, la fuerza de voluntad descansa sólidamente en un buen sentido del equilibrio.

Los padres que llevan en su interior un niño herido no tienen un buen sentido del equilibrio. O bien no saben cuándo decir *no*, o siempre dicen *no*. A veces dicen *sí* y *no* de manera inconsistente y manipuladora.

Cuando tenía cerca de dos años resolví esta cuestión aprendiendo a contenerme excesivamente. Ahogué mi sentido de autonomía transformándome en un niñito obediente. Fui el "pequeño ayudante" de mamá y el "niño bueno" de la abuela. Me volví sobreadaptado. Mi niño maravilloso se escondió.

Cuando traté de ser desordenado, de reír estrepitosamente, de expresar mi ira, me sentí avergonzado.

Pensaba que mi cuerpo era malo, o cuando menos sucio. Mi tradición religiosa veía la vida humana como un valle de lágrimas. Los hábitos negros de curas y monjas y el oscuro confesionario para declarar mi vergüenza y mi culpa, fueron los símbolos de Dios en mi medio.

Estas tradiciones también desequilibraron espiritualmente a mis padres. Mi padre no tenía límites; estaba avergonzado hasta lo más profundo de su ser. Una persona recurrentemente avergonzada cree que nada en ella está bien. Actuar con base en la vergüenza es no tener límites, lo que lo predispone a usted para la adicción. Mi padre era adicto en muchas formas. No podía decir *no*. Más tarde, cuando tuve edad suficiente para rebelarme, seguí su ejemplo.

Mi madre estaba *comprometida con el deber*. Era una mujer resignada, buena esposa y buena madre. El problema con el deber es que es rígido, prejuicioso y perfeccionista. Agradezco a Dios haberme proporcionado a mi madre, porque no habría sobrevivido sin su sentido del deber. Retener es mejor que soltar cuando de criar niños se trata. Sin embargo, la moralidad perfeccionista comprometida con el deber crea niños cuya actitud está basada en la vergüenza.

Estar comprometido con el deber es sentir que no se tiene derecho a gozar. La madre comprometida con el deber odia la alegría porque practicar aquello que disfruta le produce una sensación de *culpa*.

El desorden en el crecimiento en este periodo es una pérdida de equilibrio. Hasta que recobré a mi niño interior herido, o era un santo (célibe) estudiando para sacerdote, o un desenfrenado alcohólico en busca de orgías sexuales. Era yo bueno o malo, pero nunca ambas cosas; y veía a los demás o buenos o malos, pero nunca ambas cosas.

Si bien no fue en la etapa de bebé cuando su niño interior aceptó su papel en el sistema familiar, a la sazón el niño adquirió cierta propensión a determinada conducta. Al experimentar mi niño interior la separación y la ira como abandono, desarrollé la propensión a agradar y a complacer a la gente.

INTERROGATORIO

Al obtener los datos sobre la historia de su identidad como bebé utilice las siguientes preguntas como guías:

1. ¿Quién estaba cerca de usted cuando tuvo dos o tres años? ¿Dónde estaba su papá? ¿Jugaba a menudo con usted? ¿Pasaba el tiempo con usted? ¿Permanecieron casados su papá y su mamá? ¿Dónde estaba su mamá? ¿Era ella paciente? ¿Pasaba el tiempo con usted? ¿Era alguno o sus dos padres adictos?
2. ¿Cómo lo disciplinaban su papá y su mamá? Si lo hacían físicamente, *¿exactamente qué le hacían a usted? Exprese estas experiencias con detalle.* Si lo hacían emocionalmente, ¿cómo lo aterrorizaban? ¿Le decían que lo golpearían o castigarían cuando su padre llegara a casa?
3. ¿Tenía usted hermanos mayores? ¿Cómo lo trataban a usted?
4. ¿Quién estaba allí para brindarle su apoyo? ¿Quién lo abrazaba cuando estaba asustado o lloraba? ¿Quién fijaba límites firmes pero amables y considerados cuando estaba usted enojado? ¿Quién jugaba, reía y se divertía junto con usted?

Anote todo lo que pueda acerca de su niñez en el periodo de los dos a los tres años. Incluya cualquier cosa que sepa acerca de los *secretos* familiares que no pudo haber conocido en esa época. ¿Por ejemplo, era su padre adicto al sexo y tenía muchas aventuras amorosas? ¿Es alguno de sus padres víctima no tratada de violencia física, sexual o emocional?

Los secretos familiares se refieren siempre a la vergüenza recurrente de la familia, y necesita usted comprenderlo bien. En su escrito, concéntrese en todas las maneras en que fue usted avergonzado, todas las maneras en que sus sentimientos, necesidades y deseos fueron reprimidos. También piense en la *falta* de disciplina en su hogar. Advierta cómo fue usted educado *falsamente* al no tener una disciplina. ¿Ya notó que a nadie le importó fijarle a usted límites? A nadie le importó usted lo suficiente para enseñarle a dar y recibir. Nadie le enseñó a responsabilizarse de su conducta.

COMPARTIENDO SU ETAPA DE BEBÉ CON UN AMIGO

Como antes, es importante que usted comparta sus experiencias en esa etapa con una persona comprensiva y afectuosa. Hay que entender que la conducta de los llamados "terribles dos años" es tan *natural* como que la noche sigue al día. A los nueve meses todos los niños comienzan a gatear y explorar. A los 18 meses todos los niños saben decir *no* y hacen berrinches cuando no logran sus propósitos.

La conducta de los pequeños de dos años no tiene nada que ver con ser "bueno" o malo. Ciertamente no tiene nada que ver con algo mítico como el *pecado original*. A mí y a muchos otros niños se nos enseñó que habíamos nacido manchados por los pecados de nuestros primeros padres, Adán y Eva; que yo tenía inclinaciones malas y egoístas, y que la disciplina y el castigo eran para mi propio bien (aunque no me golpearon demasiado cuando fui niño).

Si observa usted a un niño jugando, hay que realizar un gran esfuerzo para imaginarse que él es malo y tiene inclinaciones perversas. El que quiere golpearlo, castigarlo y restringirlo, es el niño interior herido de sus padres. Lo hace por miedo al abandono o por la necesidad de vengarse (haciendo a sus hijos lo que ellos deseaban poder haber hecho a sus propios padres).

En sus primeros años, los niños están necesitados y son inmaduros y difíciles de manejar, pero *no* son unos villanos. Piaget ha demostrado la sabiduría de las edades: la edad del razonamiento comienza alrededor de los siete años. Antes no es posible que exista un sentido de moralidad.

Confíele a su compañero la forma como su yo bebé fue violado. Deje que esté con usted y lo escuche cuando le lea su historia. Usted necesita un aliado para *legitimar* y *certificar* la herida y dolor que sufrió su precioso bebé.

SINTIENDO SUS SENTIMIENTOS

Si tiene una fotografía suya cuando era un niño de dos a tres años, analícela. Observe cuán pequeño e inocente era usted. Luego, busque un niño de edad similar y pase algún tiempo con él. Advierta lo normal que es esta etapa de desarrollo. Era natural que estuviera usted lleno de energías, que fuera travieso. Era usted curioso y todo le interesaba. Decía usted *no* a fin de iniciar una vida propia. Era usted sugestionable e inmaduro, y por eso hacía berrinches. Era usted una personita hermosa e inocente. Concéntrese en todo aquello por lo que usted pasó durante su temprana infancia. Perciba cualquier sentimiento que le sobrevenga.

ESCRITURA DE CARTAS

Como lo hizo usted para su yo infante, escriba una carta para su yo bebé. Una de mis cartas a mi infante señalaba lo siguiente:

Querido Pequeño Juan:

Sé que te sientes muy solo. Sé que nunca conseguiste ser tú mismo. Te asusta enojarte porque piensas que hay un lugar terrible llamado infierno que te quemará si te enfadas. No puedes estar triste o tener miedo porque eso es para maricas. Nadie realmente sabe el maravilloso niñito que eres y lo que realmente sientes.

¡Yo sé mejor que nadie por lo que has pasado! Te amo y quiero que estés conmigo siempre. Te permitiré ser exactamente como eres. Te enseñaré a ser equilibrado y dejaré que te enojes, que estés triste, tengas miedo o estés contento. Por favor, permíteme estar contigo siempre.

Te quiere
Juan Grande

Cuando escribí esto, sentí la soledad y tristeza de mi niño interior.

Carta de su Bebé

A continuación escriba una carta desde su pequeño bebé herido. Recuerde, escríbala con su *mano no dominante*; con la izquierda si es usted diestro, y con la derecha si es usted zurdo. He aquí lo que escribió una persona de mi taller de terapia:

Querido Ricardo Grande:
Por favor, ven por mí; he estado en un ropero durante 40 años. Estoy aterrorizado. Te necesito.
Ricardo Pequeño.

Después de haber escrito su carta, tome asiento tranquilamente y concéntrese en cualquier sentimiento que le sobrevenga. Si está usted con alguien, o tiene un amigo de confianza, o un tutor o terapista que sabe lo que está usted haciendo, pídale que le lea en voz alta sus cartas. El que se las lean en voz alta y el contar con un rostro que le sirva de espejo a usted, puede resultar muy efectivo.

AFIRMACIONES

Una vez más le voy a pedir que regrese al pasado y encuentre a su bebé interno y le exprese las palabras que necesita escuchar. Estas son diferentes de las frases que dedicó a su infante interior.

Su yo de dos a tres años necesita escuchar lo siguiente:

Pequeño_____, está bien ser curioso, querer, mirar, tocar y probar el sabor de las cosas. Yo veré que puedas explorar con seguridad.

Te amo tal como eres, pequeño_____.

Estoy aquí para atender a tus necesidades. Tú no tienes que cuidar de las mías.

Está bien que seas atendido, pequeño_____.

Es correcto decir *no*, pequeño. Me alegro que quieras ser tú.

Está bien que ambos nos enojemos. Resolveremos nuestros problemas.

Está bien asustarse cuando haces las cosas a tu modo.

Es normal sentirse triste cuando las cosas no te salen bien.

¡No importa lo que suceda, no te abandonaré!

Puedes ser tú y seguir contando con que estaré allí para apoyarte.

Me encanta verte aprender a caminar y hablar. Me fascina ver que sigues tu propio camino y que empiezas a crecer.

Te amo y aprecio en lo que vales, pequeño_____.

Lea una vez más estas frases y compenétrese de su significado. Ahora está usted listo para recobrar a su bebé.

MEDITACIÓN DEL BEBÉ

Debe usted tener la introducción general a todas las meditaciones grabada en cinta. De no ser así, regrese a la página 107 y grabe el comienzo de la meditación, terminando con la línea "¿Qué se sentía vivir en esa casa?".

(Si está empezando a leer aquí, por favor consulte las instrucciones que aparecen a partir de la página 105 hasta la 108.

Ahora agregue la siguiente información a la introducción general.

Imagínese que puede usted salir caminando de esa casa y ver a un pequeño de dos a tres años jugando con una caja con arena... Obsérvelo detenidamente... ¿De qué color son sus ojos?... ¿De qué color es su cabello?... ¿Qué lleva puesto?... Háblele al pequeño... Dígale lo que sienta deseos de decirle...

Ahora conviértase en ese pequeño... ¿Qué se siente ser ese pequeño niño?... Observe al adulto, que es usted...

Escuche a esta persona adulta expresarle las siguientes frases. Acomódese en su regazo si así se siente seguro.

Si desarrolla su terapia con otra persona, proporciónele a su compañero las frases que aparecen en las páginas 107 y 110.

Si usted realiza el ejercicio solo, registrará las afirmaciones de su propia voz. Haga una pausa de 20 segundos después de cada frase. Después de que ha escuchado las afirmaciones, deje pasar dos minutos para permitirle a su *yo* infante que perciba sus sentimientos, luego continúe.

Si siente deseos de abrazar a su *yo* adulto, hágalo. Mientras lo hace sienta cómo se convierte en adulto otra vez. Sostenga al bebé que es usted. Comprométase a amar a esta curiosa, despreocupada, exploradora parte de usted. Dígale al niño: Nunca te abandonaré… Siempre estaré contigo apoyándote… Advierta que acaba usted de recobrar a su *yo* bebé…

Permanezca sentado y reflexione sobre esta experiencia. Perciba cualquier sensación que experimente. Si no siente nada, está bien. Escriba las sensaciones fuertes que ha experimentado o está experimentando. Si siente deseos de compartirlas con la persona que lo apoya, hágalo por favor.

Trabajando con un compañero

Si realiza este ejercicio con un compañero, debe compartir con él sus experiencias. Sea espejo y eco de su compañero, asegurándose de lo que diga.

Por turnos, se guiará uno al otro a través de la meditación. Como ya habrá observado, la única diferencia para una pareja es que su compañero expresa las frases en voz alta. Además, su compañero puede abrazarlo y acariciarlo de la forma que él considere segura para ambos.

Trabajando con un grupo

Si desea trabajar con un grupo, consulte las instrucciones que aparecen en la pág. 110. Una vez que ha grabado la introducción general a la meditación, pida a la persona que hace las grabaciones en su grupo que agregue:

Ahora imagine que puede usted salir al exterior y ver a un pequeño infante jugar con una caja con arena… Obsérvelo detenidamente… ¿De qué color son sus ojos?… ¿Qué lleva puesto?… Háblele al pequeño… Dígale lo que sienta deseos de decirle… Ahora, conviértase en ese pequeño… ¿Qué se siente ser ese niño?… Observe al adulto, que es usted… Escuche al adulto expresarle las frases para la etapa de los 2 a 3 años de edad. Tome asiento en su regazo si así se siente seguro.

No grabe las frases. Proporciónele a cada persona una copia de la relación de frases y siga las instrucciones que aparecen en la página para establecer un ancla. Continúe leyendo hasta el final de la meditación, como está escrito *en este capítulo*. Entonces repita la grabación y realice la rutina que se describió en las páginas 106 y 107.

Percátese de que usted es capaz de a*tender el pequeño infante de 2 a 3 años que vive en su interior*. He aquí la forma cómo concibo la recuperación de mi *yo* bebé.

Ahora es el momento de seguir adelante e invitar a casa a su identidad "yo de niño" en la edad preescolar para fiesta de bien venida que estamos celebrando.

CAPÍTULO 6

Recobrando a su yo de edad preescolar

PERO A VECES SOY COMO EL ÁRBOL QUE SE YERGUE SOBRE UNA
TUMBA. UN ÁRBOL FRONDOSO, BIEN DESARROLLADO, QUE HA
VIVIDO ESE SUEÑO PARTICULAR EN DONDE PERDIÓ SUS TRISTEZAS
Y POEMAS A TRAVÉS DE UN NIÑO MUERTO, ALREDEDOR DEL CUAL
PRESIONAN SUS RAÍCES.

RAINER MARIA RILKE

SÉ SINCERO CON TU PROPIO SER.

WILLIAM SHAKESPEARE

NIÑO DE EDAD PREESCOLAR
(IDENTIDAD INICIAL)

MASCULINO
SOY ALGUIEN   FEMENINO

EDAD:	3 A 6 AÑOS
POLARIDAD DE DESARROLLO:	INICIATIVA CONTRA CULPA
FUERZA DE EGO:	PROPÓSITO
PODER:	IMAGINACIÓN Y SENSIBILIDAD
CUESTIÓN DE RELACIÓN:	INDEPENDENCIA

ÍNDICE DE SOSPECHA

Conteste *sí* o *no* a las siguientes preguntas. Después de que lea cada pregunta, espere y deje fluir sus sentimientos. Si siente usted una energía que lo motiva a contestar *sí*, pues hágalo. Por el contrario, si piensa que debe contestar *no*, proceda a escribir su respuesta. Si contesta afirmativamente a cualquier pregunta, puede sospechar que su maravilloso niño interior ha sido herido. Hay diversos grados de daño. Está usted en algún punto en una escala de uno a 100. Mientras a más preguntas sienta que debe contestar *sí*, más fue herido su yo preescolar.

1. ¿Tiene usted severos problemas de identidad? Sí_____ No_____
    Para ayudarse a contestar, considere las siguientes preguntas. ¿Quién es usted? ¿Acude a usted fácilmente la respuesta? Sin importar cuál es su preferencia sexual, ¿siente que realmente es usted un hombre? ¿Una mujer? Exagera usted su sexo (trata de actuar como macho o sexy)? Sí_____ No_____

2. ¿Aun cuando realiza el acto sexual de manera normal, se siente culpable? Sí_____No_____

3. ¿Tiene problemas para identificar sus sentimientos? Sí_____No_____

4. ¿Tiene problemas de comunicación con las personas cercanas a usted (su esposa, hijos, jefe, amigos)? Sí_____ No_____

5. ¿Trata usted de controlar sus sentimientos la mayor parte del tiempo? Sí_____No_____

7. ¿Llora usted cuando está enojado? Sí_____No_____

8. ¿Se enfurece usted cuando está asustado o lastimado? Sí_____No_____

9. ¿Tiene usted problemas para expresar sus sentimientos? Sí_____ No_____

10. ¿Cree usted ser responsable de la conducta o sentimientos de otras personas? (Por ejemplo, ¿piensa usted que puede provocar que alguien se sienta triste o enojado?) Sí_____No_____ ¿Se siente culpable por lo que le ha ocurrido a los miembros de su familia? Sí_____ No_____

11. ¿Cree usted que portándose de cierta manera, puede cambiar a otra persona? Sí_____No_____

12. ¿Piensa que es suficiente desear o sentir algo para que esto se convierta realidad? Sí_____No_____

13. ¿A menudo recibe mensajes confusos sin pedir aclaraciones? Sí_____No_____

14. ¿Actúa usted sobre suposiciones y presunciones y las considera información verídica? Sí_____No_____

15. ¿Se siente usted responsable de los problemas maritales o del divorcio de sus padres? Sí_____No_____

16. ¿Se esfuerza por tener éxito, de modo que esto represente para sus padres una satisfacción? Sí_____No_____

EDAD PREESCOLAR NORMAL

A los tres años de edad empezó usted a preguntar *por qué* y a hacer muchas otras preguntas. Hacía preguntas no porque fuera usted tonto o encimoso, sino porque era parte del plan biológico para superarse. Hacía preguntas porque tenía usted energía vital que lo impulsaba hacia una vida en constante expansión.

Resumiendo. En este momento se siente usted bienvenido al mundo y sabe que puede confiar en él lo suficiente para hacer que se satisfagan sus necesidades; también ha desarrollado suficiente fuerza de voluntad y disciplina interna para confiar en usted mismo. Ahora debe desarrollar la capacidad para prever quién será usted e imaginar cómo quiere vivir su vida. Saber quién es usted es tener una identidad, en la cual se involucra su sexualidad, sus creencias acerca de usted y sus fantasías.

Los preescolares son muy independientes. Se ocupan de hacer preguntas, establecer creencias, prever el futuro y tratar de dilucidar cómo funciona el mundo y qué hace que ocurran las cosas. Conforme desarrollan un sentido más sofisticado de causa y efecto, aprenden cómo influir en las cosas. Este es su natural, saludable quehacer, y se dedican a él todo el tiempo.

Los niños necesitan vincularse con sus padres, lo que puede ocurrir solamente si éstos les dedican algunos momentos de su tiempo. La vinculación requiere contacto físico y participación emocional.

Al vincularse el pequeño con su padre, aquél desea ser como éste. Empieza por imitar la conducta de su progenitor. Empieza a decirle a todo el mundo que cuando crezca quiere ser como su papá y simbólicamente actúa como su padre en sus juegos. Algunos chicos tienen héroes que admirar y emular. Mis héroes eran jugadores de beisbol. De la misma manera, las niñas empiezan a imitar la conducta de sus padres. Juegan con muñecas, les preparan sus biberones, son coquetas y quieren ponerse maquillaje.

En este periodo también puede surgir una predisposición biológica a la homosexualidad. Considero que existe una creciente evidencia de que la homosexualidad es una tendencia innata, no un desorden patológico o de crecimiento. (En mis muchos años de terapeuta, nunca atendí a un homosexual que no estuviera bastante seguro de su orientación sexual desde antes.)

Mi interés en este libro es por aquellas personas que llevan en su interior un niño herido. La mayoría de estas personas tienen una excesiva cantidad de vergüenza, ya que existe una marcada y difundida tendencia a avergonzar a los muchachos que no despliegan los tradicionales rasgos y conductas masculinas. Si es usted una persona homosexual, su pequeño herido en edad preescolar necesita saber que niño es perfectamente adecuado ser quien es usted.

FUERZA DEL EGO

Erikson denomina como el *propósito* a la fuerza del ego de la edad preescolar. Considera que del propósito surge un sentido de identidad. Si ha existido un desarrollo saludable hasta la edad preescolar, el niño pensará: "Puedo confiar en el mundo, en mí mismo, y soy especial y único. Soy un niño (una niña). Puedo empezar a prever mi futuro aunque no tengo que saber exactamente qué quiero hacer".

DESORDEN DEL CRECIMIENTO

El desorden del crecimiento en esta etapa muestra los resultados a largo plazo de los problemas familiares. Los niños dependen de sus padres para que éstos les proporcionen modelos saludables de conducta. Si la mamá y el papá son adultos codependientes basados en la vergüenza, será imposible que sus niños establezcan relaciones íntimas saludables.

Los adultos, habiendo sepultado mucho antes sus *yo* auténticos y perdido su sentido de Yo Soy, no pueden darse *a ellos mismos* porque no tienen ningún *yo* que ofrecer. Cuando los adultos se casan, eligen a una persona que sea la proyección de sus padres; alguien que posea los aspectos positivos y negativos de sus padres. Un "cuidador héroe" a menudo se casa con una "víctima", ya que cada uno puede desempeñar su papel. Cada uno invierte grandes cantidades de estimación en el otro, lo que se hace más evidente cuando tratan de separarse. Uno o ambos pueden desear suicidarse, alegando no poder vivir sin el otro. A menudo, un adulto que tiene impulsos posesivos, se casará con otro adulto que cultiva temores a ser abandonado. Al cabo de un periodo de separación, la persona con impulsos posesivos se sentirá lo suficientemente solitaria para permitir que el cónyuge con temores de ser abandonado se acerque un tiempo. Este último, recordando la pasada separación, pronto se volverá posesivo y absorberá al otro cónyuge. Este ir y venir continuará durante todo el matrimonio.

Todas las familias con problemas violan el sentido de Yo Soy de sus hijos. La disfunción puede provocar una adicción química, una adicción al trabajo o violencia. En cada caso, un padre está involucrado con su propia disfunción y el otro es codependientemente adicto a él. Los niños están emocionalmente abandonados. Para empeorar las cosas, se enredan en la encubierta o abierta necesidad de mantener el precario y nocivo equilibrio de la familia. En las familias con problemas *nadie logra ser quien es*. Todos están al servicio de las *necesidades del sistema*.

En estas familias es imposible que los niños desarrollen una conciencia saludable o una conveniente sensación de culpabilidad. La falta de individualidad les impide saber que tienen derecho a una vida propia, a cambio de lo cual desarrollan una *culpabilidad recurrente*. Esto representa la muerte para el yo psicológico. La culpabilidad tóxica es una forma de tener poder en una situación de impotencia. Así, usted se considera responsable de los sentimientos y conducta de otra persona; o puede pensar que la conducta de usted causó la enfermedad de alguien, como cuando un padre grita: "¡Miren lo que han hecho, muchachos; han provocado que su madre se enferme!". Esto genera que usted tenga un grandioso sentido de responsabilidad.

La culpabilidad tóxica es una de las formas más dañinas con que fue herido su niño interior de edad preescolar.

INTERROGATORIO

Conforme recorra las etapas de su desarrollo, se le hará más fácil escribir su historia, pero la mayoría de las personas no tienen muchos recuerdos de su vida anterior a los siete u ocho años de edad. Antes de ese periodo, usted pensaba de una manera mágica, egocéntrica, no lógica. Tal manera de pensar es como permanecer en un estado alterado de conciencia. Sin embargo, trate de recordar todo lo que pueda. Los sucesos traumáticos generalmente saltan en la mente. Fueron los que más amenazaron su vida y por lo tanto dejaron la huella más poderosa. Escriba lo que recuerde de sus violaciones traumáticas en ese periodo. Asegúrese de plasmar los detalles concretos.

Anote también todo lo que recuerde sobre su sistema familiar. ¿Qué hacía su papá, su mamá? ¿Qué sabe usted o supone que ocurría en su matrimonio? Ponga mucha atención a sus corazonadas acerca de la familia. Piense que sus presentimientos son verdaderos y observe si así comprende mejor a su familia.

Un cliente mío presentía que el padre de su abuela había cometido incesto con ella. Su abuela creció en una granja, siendo la única mujer en un grupo de siete hermanos. Mi cliente nunca la escuchó hablar de su padre. Padecía de agorafobia y era muy neurótica. Parecía odiar a los hombres, y había contagiado su odio a su tres hijas, una de las cuales era la madre de mi cliente, quien evidenciaba todos los síntomas emocionales de una víctima de incesto. Exageraba su sexualidad "matando" a las mujeres seductoramente. Les dedicaba poemas y les hacía regalos costosos. Cuando una mujer se rendía a su acoso, mi cliente la abandonaba, con lo que la ponía furiosa.

Aunque no existían pruebas fehacientes de incesto de su abuela, él escribió su historia familiar como si ello hubiera ocurrido, y de esta forma muchas cosas cobraron sentido para mi cliente.

HERMANOS ABUSIVOS

No he hablado del abuso proveniente de los hermanos mayores, el cual puede tener un efecto importante —aunque a menudo ignorado— en el desarrollo del individuo. Tal vez un hermano o una hermana lo atormentaron. O quizás un niño vecino lo acosaba. Aun molestar puede ser una actitud extremadamente abusiva, y la molestia crónica puede ser una pesadilla.

Escriba lo que recuerde de su etapa de preescolar.

COMPARTA SU NIÑO PREESCOLAR INTERIOR CON UN AMIGO

Utilice los métodos descritos en los capítulos 4 y 5. En especial vea si puede recordar algún intento de violación. Las siguientes acciones considérelas como posibles fuentes de sentimientos dolorosos:

• Juegos sexuales con amigos de la misma edad.
• Incesto físico o emocional.
• Ser rechazado por buscar información.
• Modelos de identidad inadecuados para intimar.
• Estar obligado a sentirse culpable.
• Falta de información acerca de los sentimientos.

RECONOCIENDO LOS SENTIMIENTOS

Otra vez intente localizar una foto de usted en esta etapa de desarrollo. Observe la imagen y deje que afloren sus sentimientos. Si no tiene la foto, pase algún tiempo con chicos en edad preescolar. Observe lo maravillosos que son. Piense que uno de ellos asume las responsabilidades de un matrimonio o es objeto de incesto. Piense que su vitalidad y curiosidad son aniquilados. Tal vez conserve usted una muñeca, un osito o algún juguete que tuvo en esa edad. Advierta si le provocan algún sentimiento en usted. Deje que la energía lo conduzca a cualesquiera sentimientos que sobrevengan.

ESCRITURA DE CARTAS

Para esta etapa de desarrollo, por favor escriba tres cartas. La primera es de usted como adulto a su niño herido interior en edad preescolar. Una vez más dígale que usted *desea estar con él* y que está dispuesto a darle la atención y orientación que necesita. Hágale saber que le puede hacer todas las preguntas que quiera. Sobre todo, dígale que lo ama y lo aprecia en lo que vale.

La segunda y tercera cartas son de su preescolar interior herido. Recuerde, escríbalas con su mano no dominante. La primera carta debe estar dirigida a *los padres de usted*. Esta carta consiste en dos párrafos, uno dirigido a su mamá y el otro a su papá. Deje que su niño herido interior les haga saber qué era lo que quería y necesitaba de ellos. No es una carta para culparlos; es una expresión de pérdida. Recientemente un paciente mío escribió:

Queridos mamá y papá:

Papá, te necesité para protegerme. Siempre estaba yo asustado. Te necesitaba para que jugaras conmigo. Me habría gustado que hubiéramos ido a pescar juntos. Me hubiera gustado que me enseñaras cosas. Me hubiera gustado que no hubieras estado bebiendo todo el tiempo.

Mamá, necesitaba que me elogiaras. Que me dijeras que me amabas. Hubiera querido que no me hubieras obligado a cuidarte. Yo necesitaba que me cuidaran a mí.

Los quiere,
Ale

Es muy importante que le lea su carta en voz alta a la persona que lo auxilia en su terapia.

La segunda carta de su preescolar herido interior es para usted como adulto. Es una respuesta a la carta escrita por su *yo* adulto. Puede sorprenderle que esta carta aluda al anhelo de su niño interior de tener un aliado. Recuerde utilizar su mano no dominante.

Si usted lo desea, puede compartir estas cartas con su compañero o con los miembros de su grupo.

Si trabaja usted con un compañero, cada uno debe leer esta carta al otro. Después de escuchar la carta de su compañero déle una respuesta sensible. Si se sintió usted airado o experimentó temor, dígaselo. Igualmente exprésele las actitudes que usted observó en él.

PAPELES DEL SISTEMA FAMILIAR DISFUNCIONAL

Identifique los papeles que representaba su preescolar interior herido a fin de hacerse notar en su familia. Los míos fueron el de Estrella, Superrealizador, Cuidador y Tipo Simpático. Sus papeles son parte del drama familiar.

Recuerde qué sentimientos tuvo usted que reprimir con objeto de poder desempeñar sus papeles. El guión exige que usted realice sus papeles de ciertas maneras. Algunos sentimientos están considerados en el guión, otros están prohibidos. Yo debía estar alerta, sonreír y lucir contento, y me prohibían sentir miedo, estar triste o enfadado. Yo importaba mientras fuera una Estrella y destacara. No podía ser mediocre o necesitar ayuda. Tenía que ser fuerte. Sólo mediante la actuación, me sentía capaz de hacer cosas. Desde luego, me volví adicto a la actividad.

Es importante valorar las consecuencias, dañinas para usted, de representar ciertos papeles en la vida. Éstas le cuestan a usted perder su auténtico *yo* infantil. En tanto que siga usted desempeñando sus papeles, usted se estará hiriendo espiritualmente; puede morir sin llegar a saber quién es usted.

Para recuperar a su preescolar herido, debe abandonar su rígido sistema familiar. Trate de pensar en tres nuevas conductas que puede seguir para abandonar el papel de cuidador. Por ejemplo, puede usted decir que *no* cuando alguien demande su ayuda; o si tiene un problema, puede solicitar a alguien que lo auxilie. Esto le permitirá cambiar su papel adoptado de niño herido y entrar en contacto con su yo auténtico.

AFIRMACIONES

Las frases que le debe expresar a su preescolar interior herido son las siguientes:

Pequeño _____, me encanta verte crecer.
Estaré presente para ayudarte a conocer tus límites.
Está bien que pienses en ti. Puedes pensar en tus sentimientos

y tener sentimientos acerca de lo que estás pensando. Me agrada tu energía vital; me agrada tu curiosidad sobre el sexo.

Está bien que averigües qué diferencias existen entre los niños y las niñas.

Te trazo límites para ayudarte a averiguar quién eres.

Te quiero exactamente como eres, pequeño _____.

Está bien que seas diferente y que tengas tus propios puntos de vista sobre las cosas.

Me agrada que te imagines cosas sin temer que se conviertan en realidad.

Te ayudaré a separar la fantasía de la realidad.

Me agrada que seas un niño (niña).

Me agrada que seas homosexual, aunque a tus padres no les guste.

Si deseas llorar, hazlo, no importa la edad.

Está bien que averigües cuáles son las consecuencias de tu conducta.

Puedes pedir lo que deseas.

Puedes preguntar si algo te intriga.

Tú no eres responsable del matrimonio de tus padres.

Tú no eres responsable de las actitudes de tu papá, ni de las de tu mamá.

No eres responsable de los problemas de la familia.

No eres responsable del divorcio de tus padres.

Está bien explorar quién eres tú.

MEDITACIÓN PREESCOLAR

Utilice la introducción general que se incluye en las pp. 105-8. Después de la frase ¿Cómo se *sentía* vivir en esa casa?, agregue las siguientes frases haciendo una pausa de 20 segundos entre cada una. Ahora ve usted a su niño interior a la edad de cinco años... Puede usted verlo sentado en el patio de atrás. Camine hacia él y dígale ¡hola!... ¿Qué ropa lleva puesta?... ¿Tiene una muñeca, un osito, o algún juguete con el que esté jugando?... Pregúntele cuál es su juguete favorito... Dígale que usted es su futuro y que está aquí para estar con él cuando lo necesite... Ahora conviértase usted en su niño preescolar interior... mire al adulto que tiene enfrente (el sabio y amable mago)... Observe su cara amable y amorosa... Ahora escúchelo expresar las frases lenta y tiernamente...

Grabe las frases de las páginas 105-107. Cuando llegue a la última, haga una pausa de un minuto.

Deje que el niño experimente sus emociones... Ahora lentamente conviértase en adulto otra vez... Diga a su niño interior preescolar que está usted aquí, y que de ahora en adelante usted conversará con él. Dígale que usted es la única persona que él nunca perderá, y que usted jamás lo abandonará... Despídase por el momento y ubíquese otra vez en el presente... mueva sus pies... mueva los dedos de sus pies... Sienta la energía subir por su cuerpo... Inhale profundamente... Exhale ruidosamente... Sienta la energía en su rostro... Perciba el sitio donde está usted sentado... Su ropa en su cuerpo... Ahora abra lentamente los ojos... Permanezca sentado unos minutos y experimente sus sensaciones.

Si le parece bien, comparta esta meditación con la persona que lo auxilia en su terapia.

Trabajando con un compañero

Trabaje con su compañero como antes (consulte las instrucciones en la pág. 110). Cada persona leerá su meditación a la otra, expresando las frases en voz alta. Utilice el contacto físico si ello le da seguridad.

Trabajando en un grupo

Como en los ejercicios de grupo, las frases se expresan por turno (consulte las instrucciones en la pág. 107). La persona del grupo que ha sido seleccionada para registrar la meditación, debe grabar el material de esta sección hasta el pasaje "Mire al adulto que tiene enfrente (el sabio y amable mago)… Vea su amable y amorosa cara…".

Después, grabe las instrucciones para elaborar un ancla. Concluya la meditación comenzando con la frase. "Despídanse por el momento y ubíquese otra vez en el presente"…

Usted ha recobrado a su preescolar interior herido. Debe darse cuenta de que usted es capaz de cuidar a ese preescolar.

Ahora que nos conocemos mejor, estoy descubriendo que no es solo un niño necesitado, sino que su presencia es muy divertida.

¡YEAH!

CAPÍTULO 7

Recobrando su yo de edad escolar

CADA PERSONA ES TAN ÚNICA COMO LA HUELLA DE SU PULGAR.
NO EXISTEN DOS *IGUALES*. NO HAY DOS PERSONAS QUE ENTIENDAN
LA MISMA FRASE DE LA MISMA MANERA... ASÍ, AL TRATAR CON
PERSONAS NO INTENTE ACOMODARLAS A SU CONCEPTO DE LO QUE
DEBEN SER...

MILTON ERICKSON

YO ENVIÉ LEJOS A MI HERMANO... LO ENTREGUÉ A LA GENTE
SOMBRÍA QUE PASABA... LO ENSEÑARON A LLEVAR SU CABELLO
LARGO, A DESLIZARSE POR ALLÍ DESNUDO, A BEBER AGUA CON
SUS MANOS, A PASEAR CABALLOS, A SEGUIR EL DÉBIL RASTRO A
TRAVÉS DE LA HIERBA...
LLEVÉ A MI HERMANO AL OTRO LADO DEL RÍO, LUEGO NADÉ DE
REGRESO, DEJANDO A MI HERMANO SOLO EN LA PLAYA. EN LA
CALLE SESENTA Y SEIS NOTÉ QUE SE HABÍA IDO. ME SENTÉ Y
LLORÉ.

ROBERT BLY
SOÑÉ CON MI HERMANO

EDAD ESCOLAR
(PERIODO DE LATENCIA)

	YO SOY CAPAZ
EDAD:	DESDE LOS 6 AÑOS HASTA LA PUBERTAD
DESARROLLANDO POLARIDAD:	INDUSTRIA VS INFERIORIDAD
FUERZA DE EGO:	COMPETENCIA
PODER:	SABER, APRENDER
CUESTIÓN DE RELACIÓN:	INTERDEPENDENCIA, COOPERACIÓN

ÍNDICE DE SOSPECHA

Conteste *sí* o *no* a las siguientes preguntas. Después de leer cada una de ellas, espere a que fluyan sus sentimientos. Si siente el impulso a contestar *sí*, pues hágalo. Si esa energía lo motiva a decir *no*, responda de esa manera. Si contesta *sí* a cualquier pregunta puede usted sospechar que su maravilloso niño interior de edad escolar ha sido herido. Hay diversos grados de daño. Está usted en algún punto en una escala de uno a 100. Mientras más preguntas sienta usted que deben contestarse afirmativamente, más fue herido su niño interior de edad escolar.

1. ¿A menudo se compara con otras personas y se considera inferior a ellas? Sí_____ No_____

2. ¿Desearía tener más amigos de ambos sexos? Sí_____ No_____

3. ¿Con frecuencia se siente usted incómodo en actividades sociales? Sí_____ No_____

4. ¿Se siente usted incómodo cuando forma parte de un grupo? Sí_____ No_____ ¿Se siente a gusto cuando está solo? Sí_____ No_____

5. ¿A veces le dicen que usted siempre busca la competencia? ¿Piensa que siempre *debe* ganar? Sí_____ No_____

6. ¿Tiene usted frecuentes conflictos con la gente con quien trabaja? Sí_____ No_____ ¿Con los miembros de su familia? Sí_____ No_____

7. En los negocios, ¿usted cede completamente, o insiste en que todo se haga a su manera? Sí_____ No_____

8. ¿Se jacta de ser estricto y que respeta al pie de la letra la ley? Sí_____ No_____

9. ¿Pospone sus asuntos con frecuencia? Sí_____ No_____

10. ¿Tiene usted problemas para concluir lo que empezó? Sí_____ No_____

11. ¿Considera saber hacer las cosas sin recibir instrucciones? Sí_____ No_____

12. ¿Siente usted mucho miedo de cometer un error? Sí_____ No_____
    ¿Se siente usted intensamente humillado si le obligan a reconocer sus errores? Sí_____ No_____

13. ¿Otras personas le causan ira y las critica a menudo? Sí_____ No_____

14. ¿Posee usted algunas habilidades básicas de la vida (habilidad de leer, de hablar y/o escribir bien gramaticalmente, habilidad para hacer cálculos matemáticos, etcétera)? Sí_____ No_____

15. ¿Pasa usted mucho tiempo con (y/o analizando) lo que alguien le ha dicho? Sí_____ No

16. ¿Se siente usted feo e inferior? Sí_____ No_____ Si es así, ¿trata usted de ocultarlo con ropas, cosas, dinero o maquillaje? Sí_____ No_____

17. ¿Constantemente se miente usted a sí mismo y a otros? Sí_____ No_____

18. ¿Piensa usted que lo que realiza no es suficientemente bueno? Sí_____ No_____

EDAD ESCOLAR NORMAL

Cuando asistió a la escuela, dejó el sistema familiar y entró a una nueva etapa de socialización y adquisición de habilidades. Habiendo establecido cierta seguridad en sí mismo, estaba listo para entrar al mundo. La escuela se convertiría en el principal entorno durante cuando menos los siguientes 12 años. La edad escolar ha sido llamada el periodo de latencia, con referencia a la ausencia de energía sexual. (La energía sexual comenzará a surgir en la pubertad.)

Durante la edad escolar, el ritmo biológico del niño prepara el escenario para que éste adquiera un conjunto de habilidades que le permitirán la supervivencia. Apoyándose en anteriores fuerzas del ego, de confianza y esperanza, autonomía y voluntad, iniciativa y propósito, el niño debe ahora aprender todo lo que pueda para prepararse para la vida adulta. Las habilidades más importantes que tiene que aprender son la cooperación, la interdependencia y un saludable sentido de competencia.

PENSAMIENTO LÓGICO CONCRETO

Para los siete u ocho años de edad los niños son capaces de pensar lógicamente, aunque lo hacen de una manera restringida. No es sino hasta la pubertad cuando pueden concebir y sustentar proposiciones contrarias a los hechos. Hasta entonces el niño empezará a idealizar a las cosas y a las personas. La idealización presupone que uno esté apto para formular hipótesis contrarias a los hechos.

Los niños de edad escolar son francos y lógicos. ¿Recuerda cuando aprendió el juramento a la Bandera? Dijo usted palabras que no entendía. ¿Recuerda cuándo aprendió a rezar? "Diostesal vemaria lleneres de gracia benditeres entretodas las mujeres..." Los niños de edad escolar también son egocéntricos. Esto se advierte cuando sorprenden a sus padres en algún error y piensan que son más listos que sus progenitores. Esta "suposición cognoscitiva" es la base de muchos fenómenos interesantes. Los niños de esta edad a menudo piensan que son adoptados. Si son más listos que sus padres, es porque deben de provenir de otra parte. Las bromas de los escolares tratan a menudo de los adultos tontos. El cuento de Peter Pan agrada a los niños de esta edad en parte porque los personajes no tienen que crecer nunca para convertirse en adultos tontos.

DESORDEN DEL CRECIMIENTO

Si este último punto es verídico, ¿entonces por qué tantos niños odian la escuela y la encuentran aburrida y coercitiva? La razón es que a menudo la educación es fuente de herida espiritual. En la mayoría de las escuelas públicas se supone que todos los chicos de 10 años se hallan en el mismo nivel de madurez. Esto es patentemente falso. Su niño interior de edad escolar pudo haber sido herido simplemente por estar en el grupo equivocado, en el momento inadecuado. Nuestras escuelas y prisiones son los únicos lugares del mundo donde *el tiempo es más importante que el trabajo a desarrollar*. En nuestras escuelas, si usted no aprendía geometría tan aprisa como otros niños de su edad, reprobaba esa materia. En mi opinión, la geometría no es una habilidad para la supervivencia. Pero el hecho es que su niño interior puede haber sido castigado por inmaduro.

El mismo sistema de calificación es muy vergonzante y deprimente. Impone constante presión a un niño para memorizar. Es claramente perfeccionista. Como ocurre con todos los sistemas perfeccionistas, *uno nunca puede dar el ancho*, lo cual genera una sensación, en uno mismo, de ser un inepto. Después de todo, si usted es usted y no hay otro como usted, ¿con quién lo estamos comparando? En realidad, todos los sistemas perfeccionistas nos comparan con el producto de las proyecciones mentales de alguien.

Las escuelas premian la conformidad y la memorización, más que la creatividad y la singularidad.

Muchos de nosotros que nos convertimos en estudiantes con *D* de calificación, nunca desarrollamos un verdadero sentido de competencia. Pasé una parte importante de mi vida tratando de curar la herida causada por el esfuerzo de superación.

Si bien existen maestros animosos, creativos y colaboradores, también hay profesores airados y abusivos. Estos maestros proyectaron su propio niño interior de edad escolar, herido y airado, en sus estudiantes. Su niño interior puede haber sido victimado de esta manera.

Recientemente me reuní con un amigo de la escuela a quien no había visto en 40 años. Pasamos juntos dos maravillosos días recordando nuestras vidas. Poco a poco reviví trozos de su infancia atormentada. La primera parte de su vida fue una interminable tortura infligida por los muchachos mayores de nuestra escuela. A menudo se escondía en la sacristía de la iglesia para rogar a Dios que lo ayudara a entender por qué le pegaban, ridiculizaban y lastimaban tanto. ¿Por qué? Todo lo que él quería era formar parte del grupo. Lloré al escuchar su historia. Me sentí avergonzado porque, evidentemente, yo habría sido su amigo, ¡si nadie me hubiera visto! La vergüenza causada por el grupo de compañeros era tan intensa, que no podía haberme arriesgado a que me relacionaran con él por miedo a que me acosaran. Me alegra informar que sobrevivió brillantemente a todo esto, aunque no sin que su niño interior quedara con algunas profundas cicatrices.

Ningún niño en edad escolar es realmente detestable, por más que algunos parezcan torpes. Simplemente son rudos y se encuentran en plena formación, pero merecen nuestro respeto y *ayuda* para que desarrollen sus capacidades.

INTERROGATORIO

Para estas alturas probablemente ya es usted eficiente escribiendo historias personales. A propósito, si está usted trabajando sobre una etapa determinada y de pronto recuerda algo de una etapa anterior, eso es estupendo. Escríbalo y utilícelo en cuanto sea oportuno. Una vez que ha iniciado esta clase de trabajo, es muy común que los recuerdos broten ocasionalmente. Mientras más entre en contacto con su niño interior herido, más conocerá de su infancia. Al entrar en ese estado de conciencia, empieza usted a recordar más cosas.

Ahora escriba la historia de su niño interior de edad escolar. Recuerde, este periodo cubre su vida desde alrededor de los seis años hasta los inicios de la pubertad, es decir, cuando se está generalmente en el segundo año de secundaria. Con la pubertad emergerá toda una nueva y sofisticada habilidad mental. (Hablaremos de esto en el próximo capítulo.) Como guía podría usted tomar su edad escolar año con año. Utilice los siguientes encabezados si le parece apropiado.

Figuras de adulto significativas

Además de los padres, éstas incluyen a sus maestros, su sacerdote o guía y niños de mayor edad. Escriba el nombre de cada persona y señale si lo ayudaba o lesionaba espiritualmente.

Ayudar significa que estuvo presente verdaderamente en apoyo de usted y que lo estimaba por lo que usted valía. Fomentaba el Yo Soy de usted. Las personas que lo lastimaban espiritualmente eran las que lo avergonzaban recurrentemente.

Piedras angulares

Señale los tres eventos más importantes de cada año. Por ejemplo, yo escribí:

Seis años de edad:
1. Inicié el primer año escolar.
2. Me oriné en los pantalones y me hicieron sentir avergonzado en frente de mis compañeros de clase.
3. Mi papá permanecía en casa más tiempo que antes.

Siete años de edad:
1. Pasé al segundo año escolar.
2. Me dieron un tocadiscos como regalo de Navidad.
3. Papá perdió nuestro automóvil. Tuvo un accidente en el auto de mi abuelo.

Continúe con esta lista hasta llegar alrededor de los 13 años. Incluya todos los recuerdos que le surjan, sean agradables o desagradables.

Sucesos traumáticos

Son las experiencias que han causado un grave daño espiritual. Por ejemplo, cuando tenía yo nueve años, mi padre abandonó por primera vez a mi madre; después estos abandonos se hacían cada vez más prolongados con el paso de los años.

Tal vez siempre ha recordado un suceso pasado que parecía más bien trivial. No sabe por qué lo recuerda, pero siempre lo tuvo presente. Esto puede significar que en cierta forma usted sufrió alguna violación. Por ejemplo, siempre he recordado un incidente que ocurrió cuando tenía cinco años. Un vecino mío adolescente hizo que mi hermana, quien a la sazón tenía seis años, le tocara el pene. De alguna manera supe (sin saberlo realmente) que estaba atestiguando algo muy grave. Ahora entiendo por qué me perseguía ese recuerdo.

COMPARTA LA HISTORIA DE SU NIÑO DE EDAD ESCOLAR CON UNA PERSONA DE APOYO

Lea su historia a un amigo, a su esposa, a su tutor o a su terapista. Tómese su tiempo e intente recordar si sufrió violaciones en ese periodo. En especial considere al sistema escolar como dañino espiritualmente. Sea concreto respecto a cómo usted no pudo ser usted en la escuela. *Anote cualquier abuso sufrido a manos de maestros u otros niños.*

PERCIBIENDO LOS SENTIMIENTOS

Consiga alguna fotografía de cuando asistía usted a la escuela primaria. Lo ideal sería que obtuviera una de cada año. Quizá tenga por ahí una foto con sus compañeros de clase. Compare las fotos con las cosas que ha escrito usted acerca de esa edad. Por ejemplo, yo noté cómo cambiaron mis expresiones faciales en las diferentes fotos. A menudo se puede notar el daño y la tristeza en el rostro en cada periodo de la vida. Las fotos lo ayudan a conectarse con su reprimido dolor emocional, o bien puede usted ver su rostro impasible, sin denotar emociones. Para los siete u ocho años había usted empezado a desarrollar sus más sofisticadas defensas del ego.

ESCRIBIR UN MITO O CUENTO FANTÁSTICO

En este nivel de edad me gusta introducir un nuevo y poderoso ejercicio: escribir un cuento fantástico acerca de la infancia. Si la escritura de cartas que hemos realizado previamente funciona para usted, por favor continúe empleándola. Como en los capítulos anteriores, escriba tres cartas: una a su niño de edad escolar, otra a usted desde su niño de edad escolar y una a sus padres y maestros; dígales qué fue lo que necesitó de ellos y que no le dieron.

Su cuento fantástico puede versar sobre uno o varios sucesos ocurridos durante sus años de escolar, o sobre un suceso anterior que lo haya afectado fuertemente. Los cuentos fantásticos andan rondando su cerebro racional. Su historia puede referirse a los animales (una mamá y un papá osos), o a los dioses o reyes y reinas.

Su historia debe constar de dos partes. Una empezará con la frase "había una vez", y en ella describirá sucesos seleccionados por usted, señalando específicamente cómo crearon la herida espiritual. La otra debe iniciar así: "Y cuando ella/él creció", y debe enfocarse en los posteriores efectos dañinos para la vida que generó esa herida espiritual.

No se preocupe si no recuerda un importante suceso traumático. Puede usted haber tenido una infancia crónicamente deprimida o llena de ansiedad, o puede usted haber sido desatendido.

PAPELES DISFUNCIONALES DEL SISTEMA FAMILIAR

Evoque cualquier papel nuevo que haya asumido durante los años de edad escolar y trabaje con él como lo hizo en el Capítulo seis. Sugiero que se concentre principalmente en los papeles vinculantes generacionales cruzados porque le robaron a usted un saludable modelo de papel sexual. Los papeles que uno a menudo representa son: el Hombrecito de Mamá, el Esposo Sustituto de Mamá, la Hermana de Mamá (la Mejor Amiga), la Mamá de Mamá, la Pequeña Princesita de Papá, la Esposa Sustituta de Papá, el Mejor Amigo de Papá, el Papá de Papá. Es importante percatarse de que los papeles de Esposa Sustituta y de padre del padre no se limitan a la vinculación con el sexo opuesto. Una niña puede ser la Esposa Sustituta de Papá; un muchacho puede ser el Esposo Sustituto de Mamá. En todos los casos, el *niño está cuidando al padre*. Ésta es una inversión del orden de la naturaleza.

Concéntrese en las *perjudiciales* consecuencias de estos papeles. Pienso en Jaimito, por ejemplo, cuyo padre era un alcohólico y abandonó a la familia cuando el pequeño tenía seis años. Entonces su madre contaba con 26 años. Ella no tenía una gran preparación y había procreado además a otros dos niños. Jaimito, el mayor de ellos, trabajó en lo que pudo desde los siete años. Se convirtió en una gran ayuda para su madre. Durante horas se sentaba junto a ella y la consolaba, mientras ella lloraba por su vida desdichada. Él la consideraba una santa y hacía todo lo que podía por ella. Jaimito nunca advirtió (ningún niño lo hace) que cuando *él* lloraba, su madre lo avergonzaba o lo apartaba de sus sentimientos. Le hablaba del maravilloso abuelo que había tenido y de lo afortunado que había sido vivir en una casa donde había alimento en abundancia, mientras que en Latinoamérica los niños se morían de hambre.

A los 21 años, Jaimito se unió a los budistas Zen, convirtiéndose en monje célibe. Unos años después Jaimito dejó el monasterio para involucrarse con multitud de mujeres. Siempre hallaba mujeres necesitadas a quienes salvar. Se casó y, finalmente, su mujer se divorció de él.

La historia de Jaimito es clásica de muchos hijos que representan el papel de Esposo Sustituto. Con frecuencia se vuelven a la religión o a la espiritualidad célibe. De esta forma se mantienen fieles a su madre. O son incapaces de cumplir un compromiso con cualquier mujer. Como ya están comprometidos con la madre, comprometerse con otra mujer equivaldría a cometer adulterio emocional.

Jaimito acudió a mí a los 51 años, airado y solitario. El papel de esposo sustituto que representó le había costado mucho. Sentía que él importaba sólo si cuidaba de mujeres necesitadas como su madre. De hecho nunca fue amado por lo que era. Su *yo* auténtico (su niño preescolar interior herido) nunca había sido reconocido.

En el Capítulo 12 se incluye un ejercicio correctivo para romper estos embrollados papeles.

AFIRMACIONES

Las frases para su niño interior de edad escolar son las siguientes:

Pequeño_____ , puedes ser quien eres en la escuela. Puedes actuar como eres y yo te apoyaré.

Está bien que aprendas a hacer las cosas a tu manera.

Es correcto pensar en cosas y ensayarlas antes de aceptarlas como tuyas.

Puedes confiar en tus propios juicios; sólo necesitas aceptar las consecuencias de tus elecciones.

Puedes hacer las cosas a tu manera, y si no estás de acuerdo con algo, no hay problema.

Te amo tal como eres, pequeño_____ .

Puedes confiar en tus sentimientos. Si tienes miedo, dímelo. Está bien tener miedo. Podemos hablar al respecto.

Puedes elegir a tus propios amigos.

Puedes vestirte como se visten otros chicos, o a tu gusto.

Mereces tener las cosas que quieres.

Estoy dispuesto a estar contigo pase lo que pase.

Te amo, pequeño_____ .

MEDITACIÓN DE EDAD ESCOLAR

Agregue lo siguiente a su introducción general. Haga una pausa de 20 segundos en cada intervalo.

¿Cómo se vivía en su casa cuando empezó usted a ir a la escuela?... ¿Recuerda el primer día en que asistió a cualquiera de los diferentes años escolares?... ¿Tenía usted lonchera?... ¿De qué manera se trasladaba a la escuela?... ¿Temía usted ir a la escuela?... ¿Algunos muchachos agresivos lo intimidaban?... ¿Quién era su maestro favorito?... ¿Era hombre o mujer su maestro?... Imagine el patio de juego de la escuela... Véase a usted en edad escolar en el patio de juego... ¿Qué está haciendo?... ¿Qué ropa usa?... Acérquese a él e imagine que se puede usted convertir en él... Ahora es usted un joven escolar. Lo ve a usted como un sabio y amable mago... Escuche al adulto que tiene enfrente... Escúchelo decirle cosas tiernas y amorosas...

Si está solo: Grabe las frases dirigidas al niño interior herido de edad escolar.

Con un compañero: Exprese las frases a su compañero.

Con un grupo: Deténgase aquí y elabore un ancla.

Solo o con un compañero: Después de haber terminado con las frases, la meditación continúa.

Permita que fluyan sus sentimientos. Despídase de su amable mago y abrácelo, si quiere... Lentamente conviértase otra vez en adulto... Diga a su niño interior de edad escolar que estará usted presente para apoyarlo de ahora en adelante... Dígale que puede contar con usted...

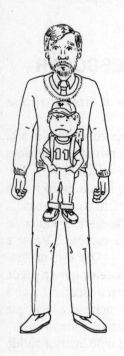

Para grupos: Si está usted trabajando en un grupo, agregue lo siguiente después de haber creado su ancla. Esta conclusión es para todos ya sea que trabaje solo, con un compañero o en un grupo. Haga una pausa de 10 segundos después de cada intervalo.

Empiece a caminar adelante en el tiempo... Recuerde su escuela secundaria... ¿De qué color es?... Reconozca a su mejor amigo de la secundaria... Evoque su canción favorita cuando era un adolescente... Avance en el tiempo y descubra sus primeros años de adulto... observe la casa en que vive usted ahora... Vea su cuarto... Percátese de dónde está usted ahora... Sienta la energía subir por sus piernas... Respire profundamente... Exhale ruidosamente... Siéntase plenamente en el presente, restaurado en mente y cuerpo... Abra los ojos...

Si está solo, reflexione sobre esta experiencia. Escriba cómo se siente. Si está con un compañero, comparta su experiencia.

¡Ha usted recobrado su niño de edad escolar! ¡Usted puede cuidarlo! He aquí una imagen mía recobrando al niño interior de edad escolar.

CAPÍTULO 8

Recobrando el control: una nueva adolescencia

LO QUE HAGO SOY YO: POR ESO VINE.

GERALD MANLEY HOPKINS

DESPIERTO Y ME ENCUENTRO EN EL BOSQUE, LEJOS DEL CASTILLO.
EL TREN VIAJA A TRAVÉS DE LA SOLITARIA LUISIANA EN LA
NOCHE...
CUANDO MIRO ATRÁS, HAY UNA RESQUEBRAJADURA EN UN CRISTAL
DEL VAGÓN.
ES UNA PARTE DE MI PADRE SOBRE LA QUE NO MANTENGO LA
MIRADA.
NO PUEDO RECORDAR AÑOS DE MI INFANCIA.
AHORA NO PUEDO ENCONTRAR ALGUNAS PARTES DE MÍ...
¿HONRADAMENTE, QUEDA AHORA SUFICIENTE DE MÍ?
CUÁNTO ME SIENTO ATRAÍDO HACIA MIS PADRES. CAMINO DE UN
LADO A OTRO, MIRANDO HACIA EL VIEJO EMBARCADERO.
LAS RANAS NOCTURNAS EMITEN EL CANTO DEL PLANETA QUE
GIRA.

ROBERT BLY
RANAS NOCTURNAS

ADOLESCENCIA
(REGENERACIÓN)

YO SOY MI ÚNICO YO

EDAD: 13 A 26 AÑOS
POLARIDAD DE DESARROLLO: IDENTIDAD VS CONFUSIÓN DE PAPEL
FUERZA DE EGO: FIDELIDAD
PODER: DE REGENERACIÓN
CUESTIÓN DE RELACIÓN: INDEPENDENCIA DE LA FAMILIA

ÍNDICE DE SOSPECHA

Conteste *sí* o *no* a las siguientes preguntas. Después de leer cada pregunta, espere a que fluyan sus sentimientos. Si una sensación lo impulsa a contestar *sí*, pues hágalo. Si se inclina a contestar *no*, escriba su respuesta. Si contesta usted afirmativamente a cualquier pregunta, puede usted sospechar que su maravilloso adolescente interior del pasado ha sido herido. Existen diversos grados de lesión. Está usted en algún punto en una escala de uno a 100. Mientras más preguntas *sienta* usted que deben ser contestadas afirmativamente, más fue herido su yo adolescente.

1. ¿Aún tiene problemas con la autoridad paternal? Sí_____ No_____

2. ¿Sigue usted experimentando con empleos, sin encontrar uno que cubra sus expectativas? Sí_____ No_____

3. ¿Está usted confundido acerca de quién es usted realmente? Sí_____ No_____

4. ¿Está usted comprometido con un grupo o causa? Sí_____
   No_____

5. ¿Se considera usted desleal? Sí_____ No_____

6. ¿Se siente usted superior a otros porque su estilo de vida es diferente y poco conformista? Sí_____ No_____

7. ¿Ha llegado a tenerse fe? Sí_____ No_____

8. ¿Cuenta usted con verdaderos amigos de su mismo sexo? Sí_____ No_____

9. ¿Tiene usted verdaderos amigos del sexo opuesto? Sí_____ No_____

10. ¿Es usted un soñador que prefiere leer novelas románticas y de ciencia ficción más que llevar alguna acción a su vida? Sí_____ No_____

11. ¿Alguna vez le ha dicho alguien que madure? Sí_____ No_____

12. ¿Es usted estricto y conformista? Sí_____ No_____

13. ¿Ha dudado usted alguna vez de la religión que profesó en su juventud? Sí_____ No_____

14. ¿Sigue usted incondicionalmente a algún tipo de gurú o héroe? Sí_____ No_____

15. ¿Habla mucho acerca de las grandes cosas que va a hacer, pero nunca realmente las hace? Sí_____ No_____

16. ¿Cree usted que nadie ha pasado por las situaciones que usted ha sufrido, o que nadie puede realmente entender su dolor? Sí_____ No_____

Con el advenimiento de la pubertad, la infancia propiamente dicha llega a su fin. La pubertad marca el comienzo de otro ciclo. El libro *Cycles of Power* (Ciclos de poder), de Pam Levin, señala que nuestra evolución es cíclica. La vida es un proceso de recurrencia de ciertos temas y patrones. Cada nuevo ciclo se basa en la etapa precedente y requiere de adaptaciones más sofisticadas. Cada nuevo ciclo provoca una crisis. Y cada crisis es en potencia una etapa vulnerable. Si se salva esa etapa crítica, ocurre una regeneración en la que se restructura el pasado.

ADOLESCENCIA NORMAL

El enfrentarse adecuadamente a los sucesos críticos de la adolescencia depende de las fuerzas del ego desarrolladas en la infancia. Pero la adolescencia, que es cuando se establece una *identidad consciente*, es —como lo señaló Erik Erikson— "más que la suma de... identificaciones de la infancia". La identidad adolescente es una *identidad reformada*. Para alcanzarla debemos integrar nuestras habilidades genéticas, las fuerzas de ego y las habilidades cultivadas previamente con las oportunidades ofrecidas por los papeles sociales de nuestra cultura. Erikson define esta nueva identidad del ego como:

...una gran confianza en que la igualdad y continuidad (lo que yo llamo, su Ser Yo) preparadas en el pasado son igualadas por la igualdad y continuidad de lo que uno significa para los demás, como se evidencia en la promesa tangible de una "carrera".

Lo que esto significa para mí es que el sentimiento de niño interior de usted, de Ser Yo, debe ser afirmado de dos maneras. Una afirmación provendrá de la significativa mirada de la persona con quien usted tenga una relación amorosa (intimidad). La segunda afirmación procederá de una actividad significativa, que fortalezca su identidad. Los dos pilares de la identidad adulta son las famosas dos marcas de madurez de Freud: el *amor* y el *trabajo*.

Un niño interior herido puede ser una devastadora fuerza contaminante durante la adolescencia. Incluso una persona con un niño interior saludable tendrá que "librar muchas de las batallas de los años anteriores".

Ambivalencia

La ambivalencia fue descrita atinadamente en el libro *The Catcher in the Rye*, de J. D. Salinger. El personaje principal, Holden Caufield, de 16 años, desea ser un adulto. Imagina que es un bandolero, que bebe y que tiene mujeres. Al mismo tiempo lo aterroriza la idea de llegar a ser adulto e imagina que es el protector de su hermana menor, Felisa, y de sus amigos de la infancia. Al estar con (y amparar a) niños menores se protege de tener que enfrentarse al mundo de los adultos. Vive entre dos mundos, el de la infancia y el de adulto. La ambivalencia es la oscilación entre estos dos mundos.

Distanciándose de los padres

El distanciamiento de los padres es parte normal de la adolescencia. Para dejar el hogar, los adolescentes tienen que pensar que sus padres no son imprescindibles. Theodore Lidz, psicólogo de la Universidad de Yale, ha subrayado el hecho de que "el conflicto de las generaciones es inherente a la vida social". Ochocientos años antes de Cristo, los jóvenes de su tiempo perturbaban terriblemente a Hesíodo. Éste se preguntaba qué iba a ser de la siguiente generación. ¡Ayer oí a una señora decir lo mismo en el supermercado!

Ocupación

Varios estudios han demostrado que lo que más preocupa a los adolescentes es su carrera. ¿Qué clase de trabajo voy a desarrollar? ¿Dónde gastaré mis energías? ¿Cómo voy a cuidar de mí? ¿Qué voy a ser cuando crezca?

Elegir el camino que va uno a seguir difiere de una cultura a otra y de generación a generación. En tiempos pasados, las actividades que se podían desarrollar estaban severamente limitadas y determinadas por adelantado. La vida era más simple entonces.

Soledad

La adolescencia siempre ha sido una etapa solitaria. No importa cuántos amigos de edad similar tenga una persona, de cualquier forma sentirá un vacío en su interior. El joven no sabe aún quién es. No sabe con certeza a dónde va. Debido a su recién surgida habilidad para pensar abstractamente, el futuro (una hipótesis) se convierte en un problema por *primera vez en la vida de una persona*. Al contemplar el futuro, un joven experimenta una sensación de ausencia. Si tiene un niño interior herido, ese sentimiento será mayor.

Identidad del ego

En páginas anteriores ya incluí la definición de Erikson sobre la identidad del ego. Las preguntas "quién soy yo" y "dónde voy" son resultado de las nuevas habilidades mentales del adolescente.

Exploración sexual

Con el surgimiento de características sexuales secundarias, se hace presente una nueva y poderosa energía. Esta energía es la chispa de la vida que se expande. "La vida se añora a sí misma", hizo notar Nietzsche. La sexualidad genital es una fuerza conservadora de la especie. Sin el impulso sexual, la especie moriría en 100 años. Los adolescentes exploran de manera natural su sexualidad. La primera masturbación abre el escape. Las advertencias sobre los perjuicios que acarrea esa costumbre pierden significado en comparación con esa sensación.

La exploración de nuestros genitales es crucial para una identidad saludable. Sexo es lo que somos, más que cualquiera otra cosa. Lo primero que notamos acerca de una persona es su sexo.

Conceptualización

La habilidad de pensar en términos lógicos, abstractos, emerge en la pubertad, impulsándonos más allá del pensamiento literal del niño de edad escolar. A diferencia del niño preadolescente, el adolescente ya es capaz de sustentar *proposiciones contrarias a los hechos*. Por ejemplo, pensar acerca del futuro requiere la habilidad de sustentar una proposición contraria a los hechos. ¿Quién soy yo y a dónde voy? ¿Cuáles son mis posibilidades? En la adolescencia, el pensamiento de identidad es pensamiento de posibilidad. "Supóngase que llego a ser doctor... abogado... sacerdote..." y así sucesivamente. Cada una de estas suposiciones involucra la creación de una hipótesis no restringida por los hechos.

Otra manifestación de esta estructura congnoscitiva es la idealización. Los adolescentes son soñadores. Soñar e idealizar crea modelos de conducta que nos motivan. Los adolescentes también se apegan a los ídolos. Las estrellas de cine y de rock son los más familiares, aunque un joven podría considerar también a un ídolo político o intelectual como motivador de su propia carrera.

Pensamiento egocéntrico

A diferencia del egocentrismo de etapas anteriores, los adolescentes son plenamente capaces de captar el punto de vista de otra persona. Su egocentrismo consiste en creer que sus padres están tan obsesionados con ellos, como los adolescentes lo están consigo mismos. Los adolescentes son paranoicos por naturaleza. Un comentario casual es interpretado como un severo juicio valorativo. Considérese un suceso común: La pequeña Sandra ha sido desdeñada por el muchacho que idolatra. Llega a su casa deprimida y rechazada. Su madre le pregunta: —¿Hola, linda, cómo te fue? —La pequeña Sandra echa a correr a su cuarto gritando: —¿No me puedes dejar en paz? —David Elkind ha acuñado dos frases para señalar esta característica egocéntrica del pensamiento adolescente: "el auditorio imaginario" y la "fábula personal". Sandra *piensa* que su madre presenció la escena del rechazo y su humillación. Su actitud egoísta resulta de la creencia en que "todo el mundo me está mirando". Si el adolescente actúa basado en la vergüenza, su autocompasión se intensifica dolorosamente.

La fábula personal es la creencia de que la vida de uno es *totalmente única*. "Nadie ha sufrido como yo", dicen los adolescentes. "Nadie me entiende", "nadie me ama", "nadie ha tenido que soportar padres como los míos". Esta fábula generalmente termina cuando una persona establece real intimidad. La comunicación que se presenta en una relación íntima en realidad ayuda a la gente a ver cuán *ordinaria* es o fue su experiencia.

Narcisismo

Los adolescentes son narcisistas. Los obsesiona su imagen reflejada en el espejo; pueden pasar horas mirándose en el espejo.

Esto se debe a su intensa autocomplacencia. También es un reciclamiento de tempranas necesidades narcisistas.

Frenesí de comunicación

En la obra *The Catcher in the Rye*, Holden siempre está llamando a alguien por teléfono. Tiene una voraz necesidad de hablar. La timidez y soledad de esta etapa de desarrollo impulsa a los adolescentes a querer comunicarse. Hablar interminablemente a los amigos es una manera de sentirse necesitado y conectado.

Experimentación

Los adolescentes experimentan mucho con ideas, estilos, papeles y conductas. A menudo los experimentos son opuestos a los valores y el estilo de vida de los padres. Si la mamá cree en la limpieza, su hija adolescente puede asegurar su identidad convirtiéndose en una *hippie* de cabello largo, que nunca se baña y anda descalza. Si el padre es un adicto al trabajo, su hijo asegura su identidad abandonando los estudios. Si los padres son ateos, el hijo o la hija pueden adquirir una identidad convirtiéndose en religiosos o viceversa.

En conjunto, la adolescencia es una integración y reorganización de todas las etapas previas de la infancia. Es una concentración de todas las fuerzas de ego que posee uno. De esta reestructuración empieza a surgir una nueva identidad.

Desorden del crecimiento

La adolescencia es la época más tormentosa del ciclo de vida. Anna Freud dijo que lo que es normal en la adolescencia, sería considerado altamente neurótico en cualquiera otra época. Si éste es el caso cuando todas las etapas anteriores de la infancia han sido resultas de manera saludable, imaginen los problemas resultantes de un niño interior severamente herido. Muchos de nosotros no tenemos que imaginárnoslos, los vivimos.

Para mí, la ambivalencia se convirtió en conducta maniaco-depresiva. La actuación exterior desenfrenada y promiscua abrió la puerta a la depresión severa. Yo me distancié frecuentando amigos con hogares deshechos. Nos rebelamos contra nuestro adoctrinamiento católico bebiendo y divirtiéndonos con prostitutas. Mi predisposición genética al alcohol se impuso de inmediato.

El peligro de la adolescencia es que podemos representar diversos papeles, señala Erikson. Al experimentar con muchos roles, el adolescente pierde un contexto dentro del cual sintetizar sus fuerzas de ego. Cuando era adolescente me sentía terriblemente confundido y solitario. No tuve un padre contra el cual rebelarme o a quien usar como modelo. Escogí antihéroes como modelos de conducta. Está la dinámica detrás de lo que se ha llamado "identidad negativa". No sabía quién era, así que me identifiqué con lo que no era. Yo era diferente, no como todos los "anticuados" que abundan en la sociedad. Mis amigos ridiculizaban y se reían de cualquiera que no fuera como nosotros, lo que incluía a casi todo el mundo. La persona con identidad negativa deserta y se mantiene al margen de la vida, burlándose de todo el mundo.

En realidad, la vida me aterrorizaba. (Esto lo he corroborado en todas las identidades negativas que he conocido y con quienes he trabajado en terapia.) Si no se cuenta con fuerzas de ego o éstas son débiles no hay forma de que uno pueda *controlarse*. Ebrio me sentía adulto y poderoso. Mi vacío interior me obligaba a modificar mi estado de ánimo de la forma que fuera.

A menudo los adolescentes son los chivos expiatorios de la familia. Se convierten en los "pacientes identificados", pero en realidad son los encargados de los servicios familiares.

No es posible que los muchachos de familias con problemas posean una identidad porque no tienen sentido de Yo Soy cuando comienzan su adolescencia.

Al volverse los papeles más confusos, aumenta el aislamiento y el vacío interior. *El papel más significativo que uno ha desempeñado en el sistema familiar hasta estas alturas se convierte en la manera más accesible de poseer una identidad.* Cuando cumplí los 21 años, estaba totalmente confundido. Mi sexualidad me aterrorizaba. Me sentía vacío e inseguro. Estaba asustado y airado. Me abrumaba la perspectiva de una carrera. Recuerdo que caminaba por el centro de la ciudad y me preguntaba cómo era que todos esos hombres que pasaban a mi lado tuvieran un empleo, automóvil, casa y así sucesivamente. Como mis actitudes se basaban en la vergüenza, sentí que nunca podría lograrlo. Así que regresé a representar los papeles que me había asignado mi sistema familiar.

Seguí siendo la estrella. Era presidente de la clase senior, editor del periódico escolar y con destacada actuación académica. Conservé todo esto además de mi alcoholismo y membría en el grupo de los "sujetos sin padres". Pero mi papel de más significación era el de Cuidador. Ésta era la forma en que yo realmente sentía que importaba.

Cuando mi papá se fue de la casa, me convertí en el Hombrecito del Hogar. Era el Pequeño Padre de mi hermano. Cuidando a los demás yo era importante. De modo que resolví el problema de mi identidad de adolescente convirtiéndome en sacerdote, un sacerdote célibe. Al ponerme una sotana negra adquirí inmediatamente una identidad. De pronto era el "padre" Juan. Ahora era un *cuidador de almas*. Era el trabajo más noble que cualquiera pudiera hacer. Era la obra de Dios. El precio que tenía que pagar era el de ser célibe. Al casarme con la Santa Madre Iglesia nunca tendría que abandonar a mi madre. Bajo esta falsa identidad, subsistía un solitario, confuso y aterrorizado niño pequeño.

Interrogatorio

La tragedia mayor radica en no saber quién es usted. Los rígidos papeles que uno representa en el sistema familiar durante la adolescencia, se convierten en la identidad más consciente que tiene usted. De hecho, esos papeles se convierten en adicciones. Al desempeñar el papel siente usted que importa. Si dejara el papel tocaría el profundo depósito de vergüenza tóxica que lo une a su dolor original, cuyo núcleo es la herida espiritual. Cuando perdió usted su identidad (Yo soy), dejó usted de importar.

Al escribir la historia de su adolescencia, concéntrese en cómo su niño interior herido contaminó su vida adolescente. Asegúrese de detallar sus traumas; las tarjetas amorosas que nunca recibió, la soledad, la presión de sus compañeros, el dolor acerca de su familia.

COMPARTA SU HISTORIA DE ADOLESCENTE CON LA PERSONA QUE LO APOYA

Asegúrese de compartir su historia de adolescente con la persona que lo auxilia en su terapia. Su *yo* adolescente es la forma en que su niño interior herido se adaptó para iniciar su vida de adulto. Recuerde que los papeles que representó son las metáforas definidas en la historia de su niño herido. Necesita confirmar que tomó la mejor decisión que tuvo usted a su disposición.

PERCIBIENDO LOS SENTIMIENTOS

Para sanar a su adolescente, necesita usted dejar el hogar de verdad. También necesita estar consciente de todas sus etapas de desarrollo. Sugiero que organice una gran fiesta de bienvenida a casa con su adolescente como anfitrión. Yo uso la siguiente meditación para lograr esto.

MEDITACIÓN DE BIENVENIDA A CASA

Registre lo siguiente en su grabadora. Haga una pausa de 20 segundos en cada intervalo.

Cierre los ojos y concéntrese en su respiración... Mientras inhala suavemente, suma la parte inferior de su estómago; y al exhalar, empuje su estómago hacia afuera. Inhale mientras cuenta cuatro, contenga la respiración hasta contar cuatro y exhale hasta contar ocho... Realice este ejercicio varias veces... Respire contando cuatro, retenga el aire hasta cuatro y exhale hasta contar 16... Luego inhale hasta cuatro, retenga hasta cuatro y exhale a la cuenta de 32... Repita esto tres veces... Ahora reanude la respiración normal. Concéntrese en el número tres mientras exhala. Imagínese el número, dibújelo con el dedo, o escuche "tres" en el oído de su mente... Ahora haga lo mismo con el número dos... Luego con el número uno... Ahora vea al uno convertirse en una puerta... Abra la puerta y camine por un largo pasillo serpenteante

con puertas a cada lado... A su izquierda advierta una puerta
que dice *Año Pasado*... Abra esa puerta y mire adentro... Evoque
una escena agradable del año pasado... Cierre esa puerta y diríjase
a la siguiente, ubicada a su derecha... Abra la puerta y vea a su
adolescente parado allí... Abrácelo. Dígale que usted sabe cuánto
ha sufrido... Dígale que es hora de dejar el hogar. Que usted
estará con él para apoyarlo... Dígale que lo acompañe a recuperar
todas las demás partes de usted: su infante, su bebé, sus niños
preescolar y escolar... Junto con su adolescente, camine al final
del corredor y abra la puerta... Mire al interior y vea la primera
casa en que recuerde usted haber vivido... Entre a ella y localice
la habitación donde reside su yo infante... Haga que su *yo*
adolescente tome en brazos a su yo infante... Ahora regrese al
corredor y abra la primera puerta que esté a su izquierda y véase
a usted como bebé... Tómelo de la mano y regrese al corredor...
Abra la primera puerta que esté a la derecha y vea a su niño
preescolar... Mírelo... ¿Qué ropa lleva puesta? Tómelo de la
mano y salgan de ese cuarto. Ahora localice a su niño escolar...
¿Qué ropa lleva puesta?… Pídale que tome la mano de su adolescente y salgan de la casa... Está usted junto a su yo adolescente...
¿Quién carga a su yo infante?... Su yo de edad escolar tiene
tomado del brazo a su yo adolescente... Usted toma de la mano
a su *yo* bebé y a su preescolar... Observe cómo su yo infante se
convierte en un niño que da sus primeros pasos... Después vea
a éste convertirse en su *yo* preescolar... Su *yo* preescolar se convierte ahora en su *yo* escolar... Éste, a su vez, se transforma en
su *yo* adolescente... usted y su adolescente están de pie, juntos...
Ahora observe a sus padres salir de una casa en la que usted
vivió cuando fue adolescente... Usted y su *yo* adolescente se
despiden de ellos agitando la mano... Dígales que todos ustedes
se marchan ahora... Dígales que usted sabe que hicieron todo lo
que pudieron... Véalos como las personas heridas que realmente

son (fueron)... Perdónelos por haberlo abandonado... Hágales saber que de ahora en adelante usted va a cuidar de usted mismo... Empiece a alejarse de esa casa.... No deje de mirar sobre su hombro... Véalos hacerse cada vez más pequeños... Hasta que estén completamente fuera de la vista... Mire adelante de usted y vea a una amante/esposa/amiga esperándolo... Si tiene usted un terapeuta, véalo allí... Si tiene usted un grupo de apoyo, véalo allí... Si tiene usted un poder superior, sienta su poder superior allí.... Abrácelos a todos... Sepa que usted cuenta con apoyo... Que no está solo... Sepa que usted tiene o puede crear una nueva familia... Ahora permita que su *yo* adolescente se fusione a

usted... Elija cualquier edad de la infancia y vea a ese niño a esa edad dentro de usted... Dígale que usted será el ejemplo a seguir... Que usted será su nuevo padre amoroso y atento a sus necesidades. Dígale que usted sabe mejor que nadie por lo que ha pasado; los golpes y dolores que ha sufrido... Dígale que de todas las personas que conocerá, usted es la única que nunca lo abandonará... Dígale que usted lo ama con toda su alma...

Ahora ponga su mente en blanco... Imagine el número tres... Sienta los dedos de sus pies... Muévalos... Piense en el número dos... Sienta la energía correr por sus piernas hasta la parte superior de su cuerpo... Sienta la energía en sus brazos... Mueva sus manos... Sienta la energía entrar a su cabeza y cerebro... Ahora imagínese el número uno; lentamente abra los ojos y estírese.

Ahora ha reclamado usted a todo su sistema familiar interior. ¡Le han tributado una bienvenida al hogar! La mía luce así.

PERDÓN

El proceso de recuperar su niño interior herido implica cierta dosis de perdón. El perdón nos permite *darnos a la vida como antes*. El perdón sana el pasado y libera nuestras energías para el presente.

El perdón no es un proceso sentimental o superficial. Se nos causó un daño real que necesita ser legitimizado. Cuando reconocemos que se produjo un daño real, desmitificamos a nuestros padres. Los vemos como los verdaderos seres humanos heridos que realmente son (eran). Advertimos que ellos eran *niños* actuando según sus propias frustraciones. Sam Keen lo señala:

Cuando desmitifico mi pasado y reconozco el carácter ambivalente y trágico de toda la acción humana, descubro una nueva

posibilidad para transformar el significado de lo sucedido...
El perdón me permite aceptar mi pasado y estar libre de sus
invalidantes heridas... El juicio, el perdón y la gratitud, realizan
la alquimia que transforma el pasado en afortunado porvenir, y
me permiten dejar de ser una víctima para convertirme en alguien que reforma continuamente su pasado.

El rescate del sufrimiento tiene que hacerse. Solo desmitifi-
cando a nuestros padres podemos captar el daño real que nos
causaron. Entender qué nos causó daño real nos permite poseer
nuestros propios sentimientos acerca del abuso que sufrimos.
Experimentar los sentimientos es rescatar los sufrimientos originales. Una vez que nos hemos conectado con y expresado
esos sentimientos, estamos en libertad de continuar adelante.
Como ya no tenemos nada pendiente con nuestro pasado, ya no
contaminamos el presente. Ahora poseemos energía para dar
fuerza a nuestras vidas. Podemos vivir en el presente y crear el
futuro.

El perdón nos permite alejarnos de nuestros padres. Nuestro
sufrimiento congelado originó los profundos resentimientos que
nos mantuvieron unidos a ellos. Los resentimientos generan que
reciclemos los mismos sentimientos una y otra vez. Por ello
nuestro niño herido *nunca desea separarse de nuestros padres*.
Mientras gastemos nuestra energía en odiarlos secretamente,
permaneceremos unidos a ellos, lo que nos impedirá crecer.
El perdón sana nuestros resentimientos y nos permite divorciar
a nuestro maravilloso niño de las voces vergonzantes de nuestras
figuras paternales internas. El perdón es la forma en que dejamos el hogar internamente.

Para la mayoría de la gente, recuperar a su niño herido posi-
bilita establecer *una nueva y más rica relación con sus padres
verdaderos*. Al convertirse en un nuevo padre para su niño interior, lo ayuda usted a acabar con el pasado y llenar el vacío

que había en su psique. Al experimentar nuevamente esperanza, autonomía, propósito, iniciativa y competencia, el niño interior puede establecer su propia identidad. Entonces él estará en posibilidades de lograr una relación saludable con sus padres.

PARTE
3

DEFENDIENDO A SU NIÑO INTERIOR HERIDO

Quiero que imagine qué haría usted si se hubiera encontrado con ese niño real en la situación original... ¿Qué cosa razonable, compasiva, puede uno hacer por un niño confundido y alterado? Se sienta usted y habla con el niño. Lo escucha. Averigua qué lo molesta, lo ayuda a entender, lo consuela, lo toma en brazos; más tarde, juega usted con él un poco, le explica cosas, le cuenta una historia. Es terapia en el más antiguo y mejor sentido: nada exagerado, solo bondad y paciencia.

RON KURTZ

INTRODUCCIÓN

Ahora que ha recuperado usted a su niño interior herido, necesita usted ser un ejemplo para él. Como su ídolo, usted lo defenderá y lo protegerá. Su niño interior herido necesita alguien con poder para protegerlo. Teniéndolo a usted como padre protector, su niño interior herido puede comenzar el proceso de sanar. Ser el ídolo de su niño interior, a usted le permitirá convertirse en un nuevo padre. También permitirá a su niño realizar el trabajo correctivo que le restaurará su verdadero *yo*. La nueva actitud y la protección que necesita usted proporcionarle a su niño interior formarán el núcleo de sus *experiencias correctivas*.

El rescatar el sufrimiento original fue necesario para que usted se conectara con su auténtico *yo*, su niño maravilloso que lleva en su interior. Pero aun después de que usted lo ha reclamado, queda trabajo por hacer. Porque su niño maravilloso fue reprimido en las etapas iniciales de su desarrollo; no tuvo la oportunidad de aprender las cosas que necesitaba saber en cada etapa de desarrollo. La mayoría de los problemas del niño interior herido han resultado de la carencia de un aprendizaje adecuado. Ahora estas carencias pueden ser superadas.

CAPÍTULO 9

Usando a su adulto como nueva fuente de potencia

AHORA PODEMOS HABLAR... ACERCA DE LAS TRES PES DE LA TERAPIA... POTENCIA, PERMISO Y PROTECCIÓN.

ERIC BERNE

Para que usted sea ídolo de su niño interior herido, él debe confiar en usted lo suficiente para desobedecer las reglas paternales con las que fue criado. Una actitud saludable consiste en permitirle al niño ser *quien es* y no obligarlo a obedecer las viejas reglas y creencias paternas vergonzantes. Tales reglas y creencias son poderosas: si el niño las desobedece, se arriesga a ser castigado y abandonado. Desde luego, esto es aterrador para su niño interior.

Ahora bien, al permitirle a su niño interior herido desobedecer las reglas de sus padres, él entenderá que usted tiene *poder* suficiente para ir contra sus padres. Este poder es lo que Eric Berne llama *potencia*, la primera "P" en el cambio terapéutico. Me gusta presentarme a mi niño interior como un mago sabio y amable, porque los magos tienen mucha potencia para los pequeños. Cuando soy un sabio y viejo mago, mi niño interior entiende mi poder. Previamente sugerí que pensara cómo habrían sido las cosas si usted como adulto hubiera estado presente durante los momentos más dolorosos y traumáticos de su infancia. Su niño interior lo habría visto a usted como un dios todo poderoso. Si usted ya ha realizado el trabajo de recuperación, su niño interior herido ya confía en usted y en su potencia. Sin embargo, necesita enseñarle a su niño interior lo más posible acerca de su poder. El siguiente ejercicio lo ayudará en esta labor.

LISTA DE POTENCIA

Enumere 10 cosas que están dentro de sus posibilidades actuales y que no pudo llevarlas a cabo cuando niño. Ejemplos:

1. Poseer un automóvil.
2. Conducir un automóvil.
3. Tener una cuenta bancaria.
4. Tener dinero en ella.
5. Comprar todo el helado y dulces que desee.
6. Adquirir juguetes interesantes.
7. Poseer un departamento o casa propio, etcétera.
8. Hacer lo que quiera.
9. No tener que pedir permiso para ir al cine.
10. Comprar un animal doméstico.

Ahora cierre los ojos y evoque a su niño interior. (Deje que aparezca a cualquier edad.) Cuando lo vea, escúchelo, siéntalo, cuéntele de las cosas que figuran en su lista. ¡Lo dejará impresionado!

PIDA PERDÓN

Otra forma de infundirle confianza y demostrarle su potencia, es pedirle a su niño interior que lo perdone por haberlo descuidado durante tantos años. Una manera de hacer esto es escribiendo una carta. La mía decía así:

> Querido Juanito:
> Quiero decirte que te amo tal como eres. Me siento mal por haberte descuidado desde mis años de adolescente.
> Bebí alcohol hasta que nos enfermamos. Bebí hasta que no podíamos recordar nada. Arriesgué tu preciosa vida una y otra vez. Después de todo lo que pasaste como niño, fue terrible que yo te hiciera esto. También estuve de fiesta toda la noche y no te di un descanso apropiado. Luego, trabajaba interminablemente y no te dejaba jugar... En general, fui totalmente insensible contigo. Te amo y te prometo dedicarte mi tiempo y atención. Estaré aquí siempre que me necesites. Quiero ser un ejemplo para ti.
>
> *Te quiere,*
> *Juan Grande*

A continuación, con su mano no dominante, escriba una contestación de su niño interior:

> *Querido Juan Grande:*
> *¡Te perdono! Por favor, jamás me abandones.*
>
> *Te quiere,*
> *Juanito*

A partir del momento de la recuperación, es *imperativo* que usted siempre le hable a su niño con la verdad. El niño también

necesita saber que usted va a estar allí para apoyarlo. Ron Kurtz
señala:

El niño no necesita golpear en la cama... sufrir y gritar.
El niño necesita algo mucho más sencillo. Necesita que
usted esté allí...

Estar allí significa para su niño dedicarle su tiempo y su
atención. No le hará ningún beneficio a él si usted piensa que
atenderlo es una obligación. Necesita usted saber cuáles son *sus
necesidades* y responder a *ellas*. *Él* necesita saber que *le importa* a usted.

Hable a su niño del poder superior de usted

Otra poderosa fuente de potencia de su niño interior es que usted
le hable de su propio Poder Superior si usted ha conocido uno.
Me agrada hacerle sentir a mi niño que me siento seguro y
protegido creyendo que hay alguien más poderoso que yo. A
este alguien lo llamo Dios.

Dándose usted una nueva infancia

Otra poderosa manera de utilizar su potencia de adulto es un
método llamado "cambiando su historia personal". Este método
fue desarrollado por Richard Bandler, John Grinder y algunos
colegas como parte de un modelo de reorganización llamado
Programación Neuro-Lingüística (P.N.L.) Yo he utilizado este
modelo en los pasados ocho años. Es muy efectivo siempre que

la persona haya realizado el rescate de su sufrimiento original. Si la pena está allí todavía, este método puede resultar solo un viaje imaginario. Leslie Bandler, otro de los fundadores del P.N.L., ha analizado esto en su excelente libro *The Emotional Hostage* (El Rehén Emocional), en el que confiesa que tuvo severos problemas emocionales a pesar de conocer y utilizar técnicas de P.N.L. muy sofisticadas.

La técnica para cambiar su historia personal resulta excelente para modificar escenas específicas y traumáticas de la infancia. Éstas a menudo se convierten en lo que Silvan Tomkins llama "escenas modeladoras o gobernantes", es decir, los filtros que forman nuestra historia de desarrollo. Anclan nuestro dolor y emoción no expresada y son recicladas durante toda nuestra vida.

El cambio de nuestra historia personal funcionará también con patrones más generalizados, tales como sentirse no deseado como niño. El cambio de historia se basa en la premisa cibernética de que nuestro cerebro y sistema nervioso central no pueden distinguir la diferencia entre la experiencia real y la imaginaria si ésta es lo suficientemente vívida y detallada. Leslie Bandler lo explica así:

> La tremenda efectividad del cambio de historia se descubrió poniendo atención a cómo la gente puede tergiversar su experiencia generada internamente y luego actuar con base en la distorsión, olvidando que ella la creó.

A menudo la gente imagina que ocurren cosas en el futuro y se espantan con las imágenes que ellos mismos crean. Como lo señala Leslie Bandler, los celos son un ejemplo sobresaliente:

> ...los celos son una experiencia casi siempre generada como resultado de que una persona imagina que su amado

o amada está con otra persona, y se siente mal en respuesta a la imagen que ella misma ha creado.

La persona se siente mal y actúa con base en ese sentimiento como si fuera real.

Considérese el poder de una fantasía sexual. Una persona puede crear una imagen de una escena sexual y ser excitada fisiológicamente por ella.

El cambio de historia utiliza el mismo proceso deliberadamente. Con el cambio de historia emplea usted la *potencia* de sus experiencias de adulto para cambiar las impresiones internas del pasado. Consideremos algunos ejemplos.

Infancia

Recuerde el trabajo que realizó en la Parte 2. ¿Qué sucesos destacados se presentaron en su infancia? ¿Escuchó las frases que necesitaba escuchar? ¿Fueron satisfechas sus necesidades de caricias? Si no fue así, considere lo siguiente:

Piense en algunos recursos que lo hayan ayudado en su infancia. Por ejemplo, la ocasión que le tributaron una bienvenida cundo visitó a un antiguo y apreciado amigo. Recuerde la expresión de gusto de él cuando lo vio a usted. O puede recordar una fiesta sorpresa que le fue ofrecida a usted. Usted fue el centro de la atención. Al experimentar esas sensaciones, toque su pulgar de la mano derecha con otro dedo de la misma mano y mantenga el contacto por 30 segundos. Después se deshace el contacto y se afloja la mano. *Se ha formado así un ancla de una experiencia agradable*. Los que trabajaron en grupo establecieron las mismas anclas cuando realizaron las meditaciones de la Parte 2. Si es usted zurdo, establezca su ancla con su mano izquierda.

Anclas

El contacto del pulgar derecho con otro dedo forma un ancla cinestética. Nuestras vidas están llenas de viejas anclas, resultado de experiencias impresas neurológicamente. Ya he hablado de la fisiología cerebral relacionada con la experiencia traumática. Mientras más traumática es, más poderosa es la huella. En cualquier ocasión en que una nueva experiencia se parece a la anterior experiencia traumática, las emociones originales son disparadas y *actúa el ancla original.*

Todas nuestras experiencias sensoriales están codificadas de esta manera. Tenemos anclas visuales. Por ejemplo, alguien podría mirarlo a usted de una manera que le recuerde la forma en que su violento padre lo miraba antes de golpearlo a usted. Esto puede acelerar una poderosa reacción emocional, aunque no haya usted hecho la conexión conscientemente. Las anclas también pueden ser auditivas, olfatorias o gustativas. Un tono de voz, cierto olor o un alimento en particular pueden desencadenar viejos recuerdos con sus respectivas emociones. Las canciones son quizá las más poderosas de las anclas auditivas.

Podemos cambiar los recuerdos dolorosos de la infancia juntándolos con experiencias adquiridas en nuestras vidas de adulto. Si no satisfacieron sus necesidades de la infancia, si fue usted un Niño Perdido, *usted puede darse una nueva infancia.* He aquí los pasos necesarios para lograrlo.

PASO UNO

Piense en tres experiencias positivas que haya tenido como adulto y que no tuvo en la infancia. Las mías son:

A. La experiencia de ser *bienvenido.*
B. La experiencia de ser *abrazado y acariciado.*

C. La experiencia de que *alguien me acepte incondicionalmente*.

PASO DOS

Cierre los ojos y recuerde la experiencia A. Cuando sienta la
satisfacción de ser *bienvenido*, ponga un ancla cinestética con
su pulgar y su dedo. Manténgala 30 segundos y después suéltela.
Abra los ojos y observe lo que está a su alrededor. Espere unos
minutos y concéntrese en la experiencia B.

PASO TRES

Ahora necesita usted anclar los sentimientos de la infancia.
Regrese a la meditación del Capítulo 4. Sígala hasta el momento
en que usted es un infante y se encuentra en su cuna. Ancle la
sensación de estar solo y no ser deseado. Ésta es su ancla negativa. Póngala en su mano izquierda si es usted diestro, tocando su pulgar izquierdo con un dedo de esa misma mano. Si
es usted zurdo, coloque el ancla en su mano derecha. A ésta la
llamaremos ancla X.

PASO CUATRO

Ahora va usted a tomar las fuerzas que ha anclado en el Paso
Dos y llevarlas a su infancia. Esto lo hará tocando simultáneamente las anclas X y Y. Mientras las retiene, siéntase bienvenido al mundo. Experimente tiernos abrazos. Cuando esté usted
lleno de afecto y fuerza, suelte ambas anclas y abra los ojos.
Sumérjase en el positivo aprecio incondicional.

PASO CINCO

Tómese 10 minutos para asimilar esta experiencia. Ha sido un
ejemplo a seguir para su bebé interior. Ha mezclado usted sus
más tempranas impresiones neurológicas con otras posteriores

más acogedoras. En adelante, cuando entre usted en una situación en la que su infancia se desencadene, experimentará usted su nueva experiencia XY. La vieja experiencia X también se disparará, pero ya no dominará.

PASO SEIS

Los fundadores del P.N.L. llaman a este paso *trazador de futuro*. Consiste en imaginarse el futuro en el que arrostrará usted una nueva situación que desencadena sus necesidades de la infancia: por ejemplo, va usted a una fiesta donde no conoce a nadie, o empieza a desempeñar un nuevo trabajo. Usted traza el ritmo futuro disparando el ancla Y (su ancla positiva) e imagina que está en la nueva situación. Vea, escuche y sienta que se está comportando bien. Después de haber hecho esto, repita la escena imaginaria sin el ancla positiva. El trazo del futuro equivale realmente a un ensayo *positivo*. Aquellos de nosotros con niño interior herido tendemos a realizar ensayos negativos. Creamos imágenes catastróficas de peligro y rechazo. El trazado del futuro nos brinda una oportunidad de remodelar nuestras expectativas interiores.

La misma técnica básica de cambio de historia puede utilizarse para superar recuerdos del pasado. He aquí algunos ejemplos de cambio de historia de cada etapa de mi infancia.

Etapa de bebé

No recuerdo sucesos traumáticos específicos en esos años, pero cuando observo el Índice de Sospecha para la etapa de niño de dos a tres años, sé que no se satisficieron mis necesidades de entonces. Así que me gusta trabajar sobre toda la etapa de desarrollo.

1. Pienso en el momento en que como adulto:
   A. Respetuosamente dije que no haría algo.
   B. Deseé algo y me lo procuré.
   Expresé mi ira guardando cierto control.
2. Empleando cada una de estas experiencias, construyo un ancla para mi existencia.
3. Formé un ancla de una escena imaginaria en la que era zurrado por ser curioso y escudriñar por la estancia. Cuando me ordenaron dejar de hacer eso, dije: "no, no lo haré".
   Entonces fue cuando recibí la zurra.
4. Disparando las dos anclas simultáneamente, reconstruyo la escena imaginada. Afirmo que no lo haré, expreso mi ira y escudriño y toco todo lo que quiero.
5. Reflexiono sobre los problemas relativos a mi libertad en la infancia y analizo cómo impactan esas necesidades en mi vida presente.
6. Me imagino en un futuro cercano revisando la mercancía de una tienda de artículos deportivos. Tomo lo que me atrae y digo que no cada vez que un vendedor trata de ayudarme.

Preescuela

En este periodo evoco una escena en la que golpeo a un niño y luego siento temor de su padre, que es luchador.

1. Pienso en la fuerza que *ahora* posee mi adulto que, de haberla tenido yo entonces, me hubiera permitido manejar la situación de una manera menos penosa. Por ejemplo, hubiera podido:
   A. Llamar a la policía.
   B. Recurrir a mi mayor fuerza para protegerme.
   C. Asumir la responsabilidad agredirlo y disculparme.

2. Formo un ancla de reserva compuesta de A, B y C como recurso positivo.
3. Anclo la escena de ocultarme en el sótano presa de miedo cuando el padre del niño vino a regañarme.
4. Disparo dos anclas y reconstruyo la escena hasta que me siento mejor.
5. Reflexiono sobre el impacto de esa escena en mi vida. (Tengo un temor anormal a sujetos bravucones.)
6. Imagino una escena en la que me enfrento con éxito a un hombre "pendenciero".

Edad escolar

En los años en que asistía a la escuela, mi familia se desintegraba. Hay muchos sucesos traumáticos en los que podría haber trabajado durante mi terapia, pero prefiero la víspera de Navidad, cuando tenía 11 años. Mi padre llegó a la casa ebrio. Yo esperaba que la familia pasara la velada reunida. Se suponía que mi papá iba a llegar a la una de la tarde. Habíamos planeado ir a cortar un árbol de Navidad y toda la familia iba a decorarlo antes de acudir a la Misa de Gallo. Mi padre llegó hasta las 8:30 de la noche, pero estaba tan ebrio que caminaba tambaleándose. Yo me había sentido cada vez más disgustado conforme pasaba el tiempo. Finalmente me encerré en mi cuarto y me negué a hablar con alguien.

1. Pienso en las fuerzas que ahora posee mi adulto, las cuales me habrían ayudado a manejar de manera diferente esa situación. Para realizar el ejercicio de cambio de historia, pienso en la ocasión en que:
   A. Expresé mi ira de una manera directa y tajante.
   B. Me retiré de una situación dolorosa.

    C. Hablé de manera coherente a una persona con autoridad.

2. Formo una ancla de reserva que involucra estas tres experiencias.

3. Anclo la escena original: mi alejamiento de mi padre ebrio la víspera de la Navidad.

4. Disparo dos anclas simultáneamente y relaboro la escena anterior. Salgo de mi recámara y enfrento a mi padre. Le digo: —Papá, lamento mucho que estés en mal estado; sé que debes estar solitario y lleno de vergüenza. Pero no permitiré que arruines la fiesta y mi infancia. No me quedaré aquí a sufrir. Pasaré la Navidad en casa de un amigo y no te permitiré avergonzarme más.

    Nótese que no imagino la respuesta de mi padre. Cuando reconstruya una escena, debe concentrarse solamente en la conducta de usted y en su estado interno. No puede cambiar a otra persona.

5. Medito sobre cómo esta escena ha gobernado mi ulterior conducta interpersonal. Advierto las muchas veces que he sido impulsado a una secuencia ira/aislamiento por esta vieja ancla. Me alegra cambiar este viejo recuerdo.

Varias preguntas surgen generalmente cuando enseño el método para hacer el cambio de historia.

¿Qué pasa si realmente no siento un cambio después de que trabajo sobre una escena?

Quizás usted requiera trabajar sobre la misma escena varias veces. Recuerde, las anclas originales son muy poderosas. Para cotrarrestarlas, usted necesita anclas nuevas muy bien construidas.

¿Cómo puedo formar anclas de mejores recursos?

Las anclas de recursos son la clave para realizar un trabajo efectivo. Establecer anclas de recursos bien definidas requiere tiempo y práctica. Las condiciones para obtenerlas son:

1. *Acceso de gran intensidad.* Esto significa que se estructuran las mejores anclas de recursos cuando está usted experimentando el recurso positivo más intensamente. Los recuerdos internos se experimentan de dos maneras: asociada y disociadamente. Se presentan recuerdos asociados cuando está usted *experimentando realmente* el recuerdo. Los recuerdos disociados surgen cuando usted evoca, sin participar, determinada situación. Realice este experimento: cierre los ojos y véase usted de pie en medio de la selva. Observe a un tigre grande salir de la maleza y dirigirse hacia usted. Vea a su izquierda y advierta una gran boa constrictor que está a punto de atacarlo... Entre flotando a su cuerpo y transpórtese a ese lugar. Mire sus botas de excursión y sus pantalones de caqui. Voltee hacia arriba y vea al tigre avanzar hacia usted. Escuche sus impresionantes rugidos. Al echar a correr percátese de la enorme boa constrictor que se encuentra a su izquierda a punto de lanzarse contra usted... Ahora abra sus ojos.

Compare las sensaciones de ambos ejercicios. La primera fue una experiencia interna *disociada*. Las sensaciones son generalmente escasas. La segunda fue una experiencia interna *asociada*. Las sensaciones son generalmente abundantes.

Ahora construya las anclas que necesita para trabajar con recuerdos *asociados*. Usted necesita energía de alto voltaje para combatir la vieja ancla.

2. *Aplicación bien calculada.* El ancla de recursos necesita establecerse cuando la energía tiene un voltaje elevado. A mí

me gusta sostener mis anclas de 30 segundos a un minuto para anclar con el mayor voltaje posible.

3. *Duplicación*. Afortunadamente, usted puede poner a prueba sus anclas. Si ha construido usted una buena ancla, ésta puede ser disparada en cualquier momento. Cuando toca usted con su pulgar otro dedo puede sentir la energía empezar a circular. Siempre espero cinco minutos y pongo a prueba mis anclas de recursos. Si no son de alto voltaje, las reconstruyo.

HACIENDO UN ANCLA DE SEGURIDAD

Otra manera en la que usted puede utilizar su potencia de adulto para defender a su niño interior, consiste en formar un ancla de seguridad. Esto requiere pensar en las dos o tres experiencias de su vida en que se sintió más seguro. Si le cuesta trabajo pensar en ellas, sencillamente puede usted imaginar una escena. Las tres experiencias que utilicé para construir mi ancla de seguridad fueron:

A. La ocasión en que estando en un monasterio me sentí completamente fusionado a Dios.
B. El recuerdo de estar abrazado amorosamente por alguien que me amaba incondicionalmente en ese momento.
C. El recuerdo de estar envuelto en un suave cobertor, después de haber dormido 10 horas y sin tener ninguna obligación o responsabilidad.

Haga un ancla de reserva para sus tres experiencias de seguridad. Puede emplear más experiencias si así lo prefiere. Yo considero que esta ancla es *permanente*. Trabajé 30 minutos todos los días durante una semana para formar la mía. Es muy poderosa.

DEJE QUE SU ADULTO ENCUENTRE NUEVOS PADRES Y MADRES PARA SU NIÑO INTERIOR

Otra forma de defender a su niño interior es dejar que su adulto encuentre nuevas fuentes de cuidados para él. Llamo a estas fuentes nuevas madres y nuevos padres. La cuestión crucial aquí consiste en dejar que *el adulto de usted* las encuentre, no su niño interior. Cuando su niño interior herido hace la elección, lo predispone a usted a reexperimentar su anterior abandono. El niño interior herido desea que sus padres verdaderos lo amen incondicionalmente. Para él lo lógico es hallar adultos que posean los rasgos positivos y negativos de sus padres que lo abandonaron. Naturalmente, esto conduce a un gran desengaño. El niño interior proyecta sobre su padre adulto sustituto una estimación deificante, a la cual no se puede responder adecuadamente. Entonces el niño interior herido se siente frustrado y abandonado. Su niño interior necesita saber que *la infancia ha pasado* y que usted *no puede regresar nunca ni tener nuevos padres*. Tiene usted que lamentar la pérdida de su verdadera infancia y sus padres auténticos. Su niño necesita saber que *usted como adulto* lo proveerá de los nuevos padres que necesita. Sin embargo, el adulto que es usted puede encontrar gente que nutra y estimule su crecimiento. Por ejemplo, el poeta Robert Bly es uno de mis nuevos padres. Es inspirador y perspicaz. Llega a mi niño maravilloso y me estimula a pensar y sentir. Aunque no lo conozco en persona lo quiero como a un padre. Un clérigo episcopal, el padre Charles Wyatt Brown, es otro de mis padres. Me aceptó incondicionalmente cuando me iniciaba como conferencista.

También tengo padres intelectuales, como San Agustín, Santo Tomás de Aquino, el filósofo francés Jacques Maritain, Dostoievsky, Kierkegaard, Nietzsche y Kafka.

He encontrado varias madres para mi niño interior y para mí. Virginia Satir, la estupenda investigadora y terapeuta de sistemas familiares, es una de ellas. Lo mismo sucede con la hermana Mary Huberta, quien se interesó especialmente en mí en la escuela elemental. Ella es mi verdadera madre celestial.

Dios es mi padre principal. Jesús es mi padre y a la vez mi hermano. Jesús me muestra cómo Dios, mi padre, me ama incondicionalmente. He experimentado gran consuelo leyendo las historias bíblicas del Hijo Pródigo y el pastor que va tras la oveja perdida. En esa historia, el pastor deja a todo el rebaño para ir a buscar a la oveja perdida. Ningún pastor se hubiera arriesgado a perder todo el rebaño para recuperar una oveja perdida. El punto destacado de la historia es que el amor de Dios por nosotros llega a ese extremo. Mi niño interior se siente a veces como la oveja perdida, y se regocija cuando le hago ver que nuestro Padre Celestial nos ama y nos protege.

CAPÍTULO 10

Dando a su niño interior nuevos permisos

CUANDO PENSAMOS EN EL BIENESTAR DE NUESTROS HIJOS, PLANEAMOS DARLES AQUELLO QUE NOSOTROS NO TUVIMOS... LUEGO, CUANDO LLEGA EL PRIMER NIÑO, NOS TOPAMOS CARA A CARA CON LA REALIDAD DE QUE SER PADRES ES MUCHO MÁS QUE UN TIERNO SUEÑO... UNOS DÍAS NOS ENCONTRAMOS HACIENDO LAS COSAS QUE PROMETIMOS NO HACER NUNCA... O CEDEMOS... NECESITAMOS DESARROLLAR HABILIDADES, A MENUDO DEMASIADAS, QUE NO APRENDIMOS EN NUESTRAS FAMILIAS DE ORIGEN.

JEAN ILLSLEY CLARKE Y CONNIE DAWSON

NUESTRO NIÑO INTERIOR TIENE QUE SER DISCIPLINADO PARA QUE LIBERE SU TREMENDO PODER ESPIRITUAL.

MARION WOODMAN

Una vez que empieza usted a ser el ejemplo para su niño interior herido, arrostra usted otro dilema. Como la mayoría de nosotros somos de familias disfuncionales, realmente *no sabemos cómo* ser padres solícitos de nuestro niño interior. Éste es infantil. Fue sobre o subdisciplinado. Y nosotros debemos convertirnos en buenos educadores si queremos que nuestro niño interior herido sane. Su niño interior necesita absorber nuevas reglas que le permitirán crecer y florecer. El adulto de usted necesita recabar mayor información acerca de lo que constituye una buena disciplina y aprender nuevas habilidades para interactuar con su niño interior. Usted utilizará su potencia de adulto para dar a su niño interior nuevas posibilidades, para romper sus viejas reglas paternales, para que encuentre su *yo* auténtico y para jugar.

DISCIPLINA NUTRIENTE

Alguien dijo una vez que "de todas las máscaras de la libertad, la de la disciplina es la más impenetrable". Eso me gusta. Sin disciplina, nuestro niño interior no puede ser realmente libre. M. Scott Peck tiene cosas importantes qué decir a este respecto. Para él, la disciplina es un conjunto de técnicas tendentes a aliviar el inevitable dolor de la vida. Esto dista mucho de lo que aprendí cuando fui niño. Muy adentro de mi subconsciente la disciplina significa castigo y dolor. Para Peck, una adecuada disciplina es un conjunto de enseñanzas sobre cómo vivir nuestras vidas más apropiadamente. Una disciplina idónea implica reglas que permiten a una persona ser quien es. He aquí algunas reglas para que enseñe usted a su maravilloso niño interior:

1. Está bien sentir lo que sienta. Las sensaciones no son buenas o malas. Simplemente son lo que son. Nadie puede decirle qué *debe* usted sentir. Es bueno y necesario hablar de sensaciones.
2. Está bien querer lo que quiera. No hay nada que usted deba o no querer. Si está usted en contacto con su energía vital, querrá

usted expandirse, crecer. Es necesario satisfacer sus necesidades. Por tanto, es correcto solicitar lo que uno desee.

3. Está bien ver y escuchar lo que vea y oiga. Lo que usted vio
y escuchó *es* lo que usted vio y escuchó.

4. Está bien y es necesario tener mucha diversión y juegos. Está
bien gozar del sexo.

5. Es esencial decir la verdad en todo momento. Esto reducirá
el sufrimiento de la vida. Mentir tergiversa la realidad. Todas
las formas de pensamiento distorsionado deben ser corregidas.

6. Es importante que conozca usted sus limitaciones y *demore*
el placer algunas veces. Esto reducirá el sufrimiento de la
vida.

7. Es crucial desarrollar un equilibrado sentido de responsabilidad. Esto significa aceptar las consecuencias de lo que usted
hace y aceptar las consecuencias de lo que hace otro.

8. Está bien cometer errores. Los errores son nuestros maestros, nos ayudan a aprender.

9. Los sentimientos, necesidades y carencias de otras personas
han de ser respetados y apreciados. La violación de otras personas conduce a la culpa y a aceptar las consecuencias.

10. Está bien tener problemas. Éstos necesitan ser resueltos. Está bien tener conflictos; requieren ser solucionados.

Nueva regla uno

Su niño interior herido teme romper las viejas reglas familiares,
como *no hablar*, o aquella que señala que los sentimientos son
débiles y no deben ser expresados. No olvide orientar a su niño
en esta área. Definitivamente déle oportunidad de experimentar
sus sentimientos y enséñele que éstos no son ni correctos ni

incorrectos. Pero recuerde, existen algunas situaciones en las que no es seguro o apropiado expresar los sentimientos. Necesita usted expresar estos sentimientos de las maneras descritas en la Parte 2.

Además usted requiere enseñar a su niño interior que los sentimientos de usted son parte de su poder personal. Son el combustible psíquico que lo impulsa a cerciorarse de que sus necesidades son satisfechas. Le indican cuándo existe peligro, cuándo está siendo violado y cuándo ha perdido algo de valor.

Nueva regla dos

Esta regla contrarresta la vergüenza tóxica que su niño interior herido siente acerca de necesidades y carencias. ¿Recuerda el dibujo de nuestros padres de 90 kilos de peso y tres años de edad? Como niños, nunca lograron que satisficieran sus necesidades o carencias, de modo que cuando usted estuvo necesitado y tuvo carencias, esto los disgustó y lo avergonzaron a usted.

El niño interior de usted tóxicamente avergonzado no cree tener derecho a *desear* algo. Puede defenderlo escuchando cuidadosamente lo que él necesita. Quizá no siempre pueda ofrecerle lo que desea, pero puede escucharlo y dejar que él exprese sus deseos. Si no tenemos deseos y necesidades, nuestra energía de vida resulta aplastada.

Nueva regla tres

La regla tres contrarresta el engaño y la mentira que se presentan en familias disfuncionales. Al regresar de la escuela, la pequeña Julia entra a su casa y encuentra a su madre llorando. Le pregunta: —¿Qué sucede, mamá? La madre contesta: —Nada. ¡Vete a jugar afuera!

Los niños que reciben estas contestaciones dejan de confiar en sus sentidos. Necesitamos la destreza sensorial de nuestro niño interior. Para obtenerla, debemos otorgarle a nuestro niño interior permiso para mirar, escuchar, tocar y explorar el mundo.

Nueva regla cuatro

La regla cuatro versa sobre el jugar y el divertirse. Jugar es una manera de *ser*. Yo he aprendido a dedicar parte de mi tiempo a jugar. En esas ocasiones puedo jugar el golf, ir a pescar o *no hacer nada*. Me gusta pasear por distintos lugares. Vagar y no hacer nada son formas adultas de jugar. Satisfacemos nuestras necesidades de *ser* cuando permitimos jugar a nuestro niño interior.

Otra maravillosa forma de jugar de los adultos es el juego sexual. El mejor juego sexual es cuando los adultos hacen salir del cuarto a los padres, cierran la puerta y dejan que sus niños interiores se entretengan. Al niño interior le encanta tocar, probar, oler, ver y hablar durante el juego sexual. Le agrada pasar el tiempo explorando, especialmente si le enseñaron que el sexo era vergonzoso. Es muy importante dejar que su niño interior retoce y juegue sexualmente. Su adulto necesita fijar los límites morales en que usted cree. Pero dentro de esos límites, es bueno tener mucho juego sexual en la vida.

Nueva regla cinco

La regla cinco puede ser la más importante de todas. Inicialmente su niño interior natural aprendió a adaptarse a fin de sobrevivir. En las familias disfuncionales la hipocresía adquiere gran relevancia. El engaño y la negación rodean a la familia. Los falsos papeles que desempeñan los miembros de la familia son mentiras. Es preciso mentir para esconder los aspectos desagradables de la vida familiar. Mentir se convierte así en una manera de vivir en las familias disfuncionales, y su niño interior se dará cuenta que se requiere un gran esfuerzo para desechar esos hábitos.

El pensamiento de su niño interior herido está basado en la vergüenza y debe ser corregido. A continuación se presentan algunas distorsiones de pensamiento comunes, de las que usted debe cuidarse cuando esté dialogando con su niño interior:

Pensamiento polarizado. El niño interior herido percibe todo en extremo; no hay términos medios. Las personas o las cosas son o buenas o malas. El niño interior herido piensa que si alguien no quiere estar con él cada minuto de cada día, entonces la persona realmente no lo ama. Éste es un pensamiento absolutista, el cual conduce a la desesperanza. Debe usted enseñar a su niño interior de que todo el mundo es bueno y malo, y que nada es absoluto.

Catastrofismo. A su niño interior herido se le enseñó a pensar en términos catastrofistas. Lo asustaron, preocuparon e hipnotizaron con una corriente interminable de recordatorios como: "ten cuidado", "permanece alerta", "no hagas eso" y "apresúrate". No es de extrañar que el niño interior de usted viva siempre a la defensiva, ya que le enseñaron que el mundo es un lugar espantoso, peligroso. Usted puede defender a su niño interior dándole oportunidad para aventurarse en la vida y hacer cosas, asegurándole que eso es lo adecuado, y que usted está con él para protegerlo.

Universalizar. Su niño interior herido tiende a generalizar los incidentes individuales. Si su novia dice que esa noche prefiere quedarse en su casa a leer, el niño interior de usted augura la muerte de la relación. Si está usted aprendiendo a esquiar, y cae al agua en el primer intento, su niño interior concluye que usted *nunca* aprenderá a esquiar.

Usted puede defender a su niño enfrentando y corrigiendo el hábito de universalizar.

Lectura de la mente. La lectura de la mente es una forma de magia. Los niños cuyos sentidos están avergonzados dependen cada vez más de la magia. Su niño interior podría decirle cosas como: "sé que mi jefe está a punto de despedirme. Lo sé por la forma en que me mira".

Enséñele a su niño interior a verificar las cosas. Déle oportunidad de hacer muchas preguntas.

Nueva regla seis

Esta regla versa sobre la voracidad del niño interior. Todos los niños quieren lo que quieren *cuando* lo quieren. Tienen poca tolerancia para la frustración y la demora. Parte del crecimiento consiste en aprender a diferir la satisfacción del deseo, lo que ayuda a reducir los sufrimientos y dificultades de la vida.

Durante años pedía más alimento del que podía comer. Sin embargo, siempre lo comía todo. También compraba muchas cosas solo porque tenía dinero. También sentí celos de otros terapeutas o conferencistas que eran populares. Todo ello era obra de mi niño interior herido. Creía que yo nunca obtendría mi parte de las cosas de modo que era mejor obtener todo lo que pudiera mientras tuviera la oportunidad de hacerlo. Esos excesos me causaron muchos inconvenientes con el paso de los años.

Ahora defiendo a mi niño interior herido cuidándolo adecuadamente. Le ofrezco cosas maravillosas y *siempre le cumplo lo que le prometo*. Tiene usted que cumplir sus promesas si quiere ganarse la confianza de su niño interior.

Le estoy demostrando que podemos obtener más *placer* si demoramos la satisfacción de nuestro deseo.

Nueva regla siete

La regla siete es la clave de la felicidad. Mucho sufrimiento humano proviene de que el niño interior herido asuma demasiada responsabilidad o rehúse aceptar suficiente responsabilidad. Necesita usted arrostrar francamente las consecuencias de su conducta. Al reclamar a su niño interior herido, inicia usted la tarea de ser *responsable*. La mayoría de las reacciones del niño interior no son verdaderas reacciones; más bien, son reacciones y sobrerreacciones ancladas. Una respuesta verdadera es el resultado de los verdaderos sentimientos y de la decisión consciente de uno. A fin de dar una respuesta verdadera, uno debe estar en contacto con sus sentimientos, necesidades y carencias.

El mejor ejemplo que conozco de la importancia de asumir esta responsabilidad, es una relación íntima. La intimidad puede tener lugar porque todos tenemos un maravilloso y vulnerable niño interior. Dos personas "enamoradas" aplican una vez más la simbiosis de la vinculación inicial entre madre e hijo. En esencia, se fusionan entre sí. Sienten una omnipotente sensación de unidad y poder. Cada uno comparte su más profundo, su *más vulnerable yo* con el otro.

Esta misma vulnerabilidad genera que la gente tema las relaciones íntimas y en muchas ocasiones acaba por destruir la intimidad. La destrucción de la intimidad en una relación ocurre cuando cualquiera de los amantes o ambos se rehúsan a asumir la responsabilidad por su propio niño interior vulnerable.

Si usted ha recuperado a su niño interior, tiene una oportunidad: al convertirse en ejemplo para su niño interior, *usted asume la responsabilidad por su vulnerabilidad. La intimidad funciona si cada uno asume la responsabilidad por su propio vulnerable niño interior.* No dará resultado si usted intenta que su compañero le dé a usted lo que sus padres no le dieron.

Nueva regla ocho

La regla ocho es una manera de enseñar a su niño interior un saludable sentido de vergüenza. La vergüenza recurrente nos obliga a ser más que humanos (perfectos) o menos que humanos (patanes). La vergüenza saludable le permite a usted cometer errores, que son parte integral del ser humano. Los errores son advertencias que nos permiten aprender lecciones que duran toda la vida. Tener la oportunidad de cometer errores permite a nuestro niño interior ser más espontáneo. Vivir con el miedo a cometer un error le hace a usted vivir una existencia superficial, incierta. Si su niño interior cree que debe cuidar cada palabra para nunca decir algo equivocado, puede no decir nunca lo correcto. Tal vez nunca pida ayuda ni le diga que lo ama a usted.

Nueva regla nueve

La regla nueve es la Regla de Oro. Le pide que enseñe a su niño interior a amar, valorar y respetar a otras personas, así como usted se ama, valora respeta a sí mismo. Su niño interior y debe saber que cuando viola esta regla, tendrá que aceptar las consecuencias. Nuestros niños interiores heridos necesitan asumir la responsabilidad y la culpabilidad de una manera saludable.

La culpabilidad saludable es la vergüenza moral. A través de ella sabemos que hemos violado nuestros valores y los de otros y que debemos pagar el precio por haber hecho eso. La culpabilidad saludable es la base de una conciencia sana, necesaria para nuestro niño interior. La conducta ofensiva que mencioné antes ocurre principalmente porque el niño interior herido nunca ha desarrollado su propia conciencia.

Nueva regla diez

La regla diez permite a su niño interior saber que la vida está preñada de problemas. A menudo, el niño interior se ve aquejado por problemas y dificultades. —No es justo— refunfuña. No puedo creer que esto me haya ocurrido a mí. Este comentario lo escucho con frecuencia en el desempeño de mi profesión. Los problemas y dificultades son parte de la vida diaria de las personas. Como dijo M. Scott Peck: "la única forma de tratar los problemas de la vida consiste en resolverlos". De hecho, la forma en que manejamos nuestros problemas y dificultades determina la calidad de nuestras vidas.

Debemos enseñar a nuestro niño interior que es normal tener problemas y que debemos aceptarlos.

También necesitamos enseñar a nuestro niño interior que el conflicto es inevitable en las relaciones humanas. Por ejemplo, la intimidad queda incapacitada si no se tiene la habilidad para enfrentar conflictos. Necesitamos ayudar a nuestro niño interior a combatir y resolver los conflictos.

Abandono de papeles de falso-Yo

PASO UNO

Primero necesita usted tener un panorama más claro de los papeles que ha representado en el sistema familiar. ¿Cómo aprendió usted a hacerse notar cuando era niño? ¿Qué hizo usted para mantener unida a la familia y para atender sus necesidades? Algunos papeles comunes son el de héroe, estrella, supereficiente, el hombrecito de mamá, cónyuge sustituto de papá o mamá, la pequeña princesa de papá, el camarada de papá, mamá de mamá, papá de papá, pacificador, mediador, chivo expiatorio o rebelde, subeficiente, niño problema, niño perdido, víctima, y así sucesivamente. El número de roles es inagotable, pero cada uno tiene la misma función: mantener el sistema familiar equilibrado y protegido de la posibilidad de cambio. Cada papel le permite a la persona que lo desempeña cubrir su vergüenza tóxica. Un *rol* proporciona estructura y definición; prescribe un conjunto de conductas y emociones. Conforme desempeñamos nuestros papeles, nuestro yo auténtico se vuelve cada vez más inconsciente. Como señalé previamente, con los años nos convertimos en *adictos* de los papeles que representamos.

Para defender a nuestro niño interior hay que darle oportunidad de seleccionar los papeles que quiere conservar y desentenderse del resto. Es importante que usted le explique claramente a su niño interior herido que *los papeles realmente no han funcionado*.

Qué emociones tenía que reprimir para ser una estrella, un superrealizador y cuidador. La respuesta fue que no podía estar asustado o enfadado. Siempre tenía que ser fuerte, alegre y positivo. En el fondo de mis papeles superhumanos había un pequeño niño asustado, solitario, con una actitud basada en la vergüenza.

PASO DOS

Ahora está usted listo para permitir que su niño interior experimente los sentimientos que le prohibieron los papeles que representó. Dígale que es correcto sentirse triste, temeroso, solitario o airado. Usted ya ha realizado este trabajo en la Parte 2, pero como el nuevo defensor de su niño interior, necesita usted hacerle saber que él puede experimentar los sentimientos específicos que le han prohibido sus rígidos papeles. Esto le permitirá ser él mismo.

PASO TRES

Para explorar su nueva libertad, necesita usted descubrir nuevas conductas que le permitan obtener experiencias en otro contexto. Por ejemplo, yo intenté reflexionar creativamente ¿cuáles son las tres cosas que puedo hacer que me saquen de mis papeles de Estrella y Supereficiente? Usted debe razonar y decidir sobre tres *conductas específicas:*

1. Puedo ir a un seminario o taller donde nadie me conozca y concentrarme. Hice esto cuando recibí mi adiestramiento en Programación Neurolingüística.
2. Puedo hacer un trabajo mediocre en alguna tarea. Lo hice con un artículo que escribí para un periódico.
3. Puedo apoyar a alguien para que sea el centro de la atención. Lo hice compartiendo el podio con un colega en Los Ángeles.

Éstas fueron nuevas experiencias para mí. Experimenté ser parte de un grupo más que la estrella. Disfruté desempeñando un papel de apoyo. A mi niño interior le agradó hacer estas cosas. Estaba cansado de ser siempre la Estrella y el Supereficiente.

PASO CUATRO

Finalmente, usted necesita ayudar a su niño interior a decidir qué partes de sus papeles quiere conservar. Por ejemplo, me agrada hablar a cientos de personas en conferencias y seminarios. A mi niño interior le gusta hacer bromas y ver reír a la gente. Así que él y yo decidimos continuar haciendo este trabajo.

Mi niño interior me hizo saber que lo estaba yo matando al tratar de complacer a todas las personas, responsabilizarme de todo y ser una Estrella.

Una noche, volando a casa desde Los Ángeles, mi niño interior empezó a llorar. No podía creer lo que estaba ocurriendo, pero capté el mensaje. Si bien mi niño interior quería que fuéramos una Estrella, tendría que dejar de preocuparme de todo lo demás. Así que elegí algunas cosas que le agradan a él.

Ahora mi niño interior y yo estamos ofreciendo atención de calidad a otras personas. Pero también dejamos que otros cuiden de nosotros. Hemos escogido ser una Estrella, pero no a expensas de nuestro yo. Elegimos prestar atención a los demás, aunque no estamos obsesionados con esa misión.

Sabemos que la relación más importante de nuestra vida es la que tenemos mutuamente. Le permito ser quien es, y esto ha sido la diferencia.

CAPÍTULO 11

Protegiendo a su niño interior herido

LOS NIÑOS QUE NO SON AMADOS INTENSAMENTE NO SABEN CÓMO
AMARSE A SÍ MISMOS. CUANDO SON ADULTOS, TIENEN QUE
APRENDER A PROTEGER A SU PROPIO NIÑO PERDIDO.

MARION WOODMAN

EL NIÑO DESEA COSAS SIMPLES. QUIERE SER ESCUCHADO. QUIERE
SER AMADO... TAL VEZ NO CONOZCA LAS PALABRAS, PERO *QUIERE
QUE SUS DERECHOS SEAN PROTEGIDOS* Y SU AUTORRESPETO
INVIOLADO. NECESITA QUE USTED ESTÉ ALLÍ.

RON KURTZ

La tercer "P" en terapia es *protección*. El niño interior herido
necesita protección, porque es inmaduro y un tanto imperfecto.
Aún conserva esa ambivalencia acerca de usted como su nuevo
padre: unos días confía en usted absolutamente; otros, se siente
asustado y confundido. Después de todo, durante muchos años
usted no le ha prestado ninguna atención a su niño interior. Como
en cualquier relación saludable, la confianza de su niño interior
tendrá que ser robustecida con el tiempo.

DANDO TIEMPO Y ATENCIÓN

Como lo señalé antes, los niños saben intuitivamente que uno dedica tiempo a lo que ama. Es importante saber cuándo su niño interior necesita su atención. Yo aún sigo trabajando en esto, por ello le puedo decir qué es lo que he aprendido hasta el momento. Generalmente mi niño interior necesita mi atención cuando:

Estoy *aburrido*. A veces mi niño se fastidia cuando imparto conferencias y talleres de trabajo. Se aburre cuando participo en largas conversaciones intelectuales. Empieza a agitarse y retorcerse. Me pide que le avise una y otra vez cuánto tiempo más tiene que resistir.

Estoy *asustado*. Mi niño interior fue programáticamente aterrorizado cuando era pequeño. Su miedo surge cuando se presenta la más leve amenaza.

Presencio una escena de amor y ternura entre padre e hijo. Nunca falla. Pat Cash corrió a las gradas a abrazar a su padre cuando ganó el campeonato de Wimbledon y mi niño interior empezó a llorar. Mi niño interior está muy lastimado porque mi padre lo abandonó. Aunque he trabajado mucho en este asunto, todavía me duele mucho haberlo perdido desde pequeño.

Reacciona en exceso. Esta reacción exagerada es una regresión de edad espontánea. Sé que mi niño interior está presente cuando aumento el volumen de mi voz y su tono se torna cada vez más defensivo.

Estoy *con mis mejores amigos*. Ésos son momentos de alegría para mi niño interior. Le gusta mucho estar con mis mejores amigos. Se siente seguro y alegre. Le encanta hacer bromas, reír y divertirse.

Me siento *solitario*. Durante mucho tiempo no reconocí la sensación de estar solo. Ahora sé que me siento solitario cuando estoy entumido y deseo comer dulces. También sé que me siento solitario cuando quiero hacer muchas llamadas telefónicas.

Siempre que mi niño interior está presente, le hago saber que me he percatado de su presencia. Cuando está feliz, basta con un simple reconocimiento. Cuando está cansado, hambriento, desanimado, triste o solitario, necesito hablarle. He descubierto dos métodos muy útiles para comunicarme con mi niño interior.

COMUNICÁNDOSE CON SU NIÑO INTERIOR

Usted ya ha aprendido la primera técnica: escribir cartas. Este método puede utilizarlo en sus comunicaciones diarias con su niño interior. Recuerde emplear su mano dominante cuando esté usted en su adulto, y su mano no dominante cuando esté usted en su niño interior. Esta es la forma en que yo lo hago. Cuando me levanto por la mañana decido el tiempo que dedicaré ese día a mi niño interior. A veces cuando el niño emerge en momentos de angustia, soledad o aburrimiento, establezco la comunicación en ese mismo momento. He aquí lo que escribí hoy:

Juan Grande:	¡Hola, Juanito! ¿Qué edad tienes?
Juanito:	Tengo seis años.
Juan Grande:	¿Cómo te sientes en este momento, Juanito?
Juanito:	Estoy cansado de escribir. Quiero jugar y me duele mi hombro.
Juan Grande:	Lo siento, no sabía que me estaba esforzando tanto. ¿Qué te gustaría hacer ahora?
Juanito:	Quiero comer el helado que compró Gaby.
Juan Grande:	Lo había olvidado. Bajemos a comer un poco de ese helado.

Después de esta breve conversación escrita, bajé a la cocina y preparé un plato con el helado que mi sobrina Gaby me había llevado ese día. Yo lo había olvidado, pero el pequeño Juan lo recordaba. Después de que comimos el helado y descansamos un momento, regresé a seguir escribiendo.

La segunda manera de comunicarse es mediante la visualización. Es mi favorita.

Cierre los ojos y visualice un cuarto con dos cómodos asientos colocados uno enfrente del otro. Uno es más grande y se encuentra en el lado derecho. El otro es una silla para niño, lo suficientemente alta para que el rostro del infante quede al nivel de la del adulto. (Aquí dibujé a mi yo adulto, el mago sabio y amable, sentado en el asiento grande y a mi niño interior en el otro asiento.) Mire y escuche cuidadosamente la conversación de su adulto y de su niño interior.

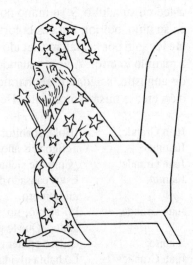

Comience preguntando a su niño qué edad tiene. A continuación pregúntele cómo se siente. Asegúrese de conocer sus deseos. Por ejemplo, un miembro de mi grupo masculino de apoyo se percató recientemente que su niño estaba enojado con él. Cuando mi amigo preguntó a su niño interior qué deseaba, el niño contestó que quería ir a Astroworld (un parque de diversiones de Houston) y disfrutar de los juego mecánicos. Mencionó la montaña rusa, la rueda de la fortuna y otros. Mi amigo tiene cerca de 50 años, y sin embargo accedió a la petición de su niño interior. Reunió a varias otras parejas y se dirigieron al Astroworld. Mi amigo subió a todos los juegos sugeridos por el niño y a otros más. ¡Se divirtió en grande!

Cuando acudió a nuestra siguiente reunión, eran evidentes algunos cambios en él. Esta persona es un banquero muy ocupado, experto en la planeación financiera y las inversiones. Su niño interior estaba harto de eso, así que le hizo saber qué era lo que necesitaba para salir de la rutina. Tres días después de esa reunión, mi amigo me invitó al Astroworld.

ENCONTRANDO UNA NUEVA FAMILIA

Cuidar a su niño interior implica procurarle una nueva familia. Es necesaria la nueva familia para darle protección a su niño mientras él establece nuevos límites y realiza su aprendizaje correctivo. Si la familia original de usted no está en recuperación, es casi imposible obtener apoyo de ella mientras usted se encuentra en su propio proceso de recuperación. A menudo sus parientes piensan que lo que usted hace es una tontería y lo avergüenzan por esa razón. Con frecuencia se sienten amenazados por el trabajo que usted realiza, porque al abandonar usted sus roles familiares, perturba el equilibrio del sistema familiar. Nunca antes se le permitió ser usted mismo. ¿Por qué de pronto habrían de empezar a permitírselo ahora? Si su familia original tenía problemas con ella, habrá menos probabilidades de que obtenga atenciones. De este modo, le aconsejo que se mantenga a una distancia prudente y procure encontrar una nueva familia que lo apoye y no lo avergüence. Ésta podría ser el grupo al que se unió usted para trabajar sobre su niño interior. Podría ser también una sinagoga o un grupo de terapia. Cualquiera que sea su elección, debe encontrar un grupo para ustedes dos. Usted debe cuidar a su niño interior y él necesita el apoyo y protección de una nueva familia.

EL PODER Y PROTECCIÓN DE LA ORACIÓN

Su niño interior necesita saber que su adulto cuenta con una fuente de protección fuera del yo mortal de usted. Y aunque usted sea mago y casi divino para su niño interior, es muy importante para él saber que usted dispone de un Poder superior. Aunque su adulto no crea en Dios, su niño interior cree en algo más grande que él. Por naturaleza, los niños son creyentes de un Poder Superior.

La oración es una poderosa fuente de protección para su niño interior herido y a él le gustará que rece usted con él. A mí me gusta cerrar mis ojos y observar a mi niño interior en cualquier edad. O lo siento en mi regazo o nos arrodillamos juntos y rezamos. Yo digo una oración para adultos en tanto que Juanito dice una plegaria de la infancia. A veces rezamos juntos una oración que aprendí en la escuela católica elemental. Es un rezo a María, la madre de Jesús. Me agrada el poder femenino en mi espiritualidad. Considero a Dios maternal y amable. Ella me carga y me mece. Esto también le gusta a Juanito.

ACARICIANDO A SU NIÑO INTERIOR

Sabemos que los niños pueden morir si no los toman en brazos y acarician. Los infantes necesitan ser tocados y estimulados para vivir y crecer. De lo contrario, contraen una enfermedad llamada *marasmo*, que los deja como si estuvieran muriendo de hambre. Un niño víctima de marasmo regresa al estado fetal. Es como una reversión del crecimiento. A medida que crece el niño, además de que se le aliente es necesario que se le mime. Es una forma de protección.

Como los niños no pueden vivir sin caricias, las obtienen a como dé lugar. Si no pueden conseguir caricias positivas, se procuran otras que no lo son. Usted beberá agua contaminada si no hay otra clase de agua disponible.

Su niño interior herido probablemente se conformó con mucha agua contaminada. Por eso son tan importantes las frases que utilizamos para cada etapa de desarrollo. Usted necesita emplearlas a menudo. Son las caricias emocionales que su niño necesita para nutrirse. Vuelva atrás y exprese las frases para cada etapa. Recuerde qué frases fueron las más poderosas para usted. Úselas como si fueran las caricias que su niño interior necesita. Éste necesita escucharlas todos los días cuando está usted aprendiendo a protegerlo.

ACARICIANDO A SU NIÑO INTERIOR

CAPÍTULO 12

Poniendo en práctica ejercicios correctivos

UNA BUENA NOTICIA ES QUE AUNQUE EL NIÑO FUE HERIDO POR
DESCUIDO Y POR UNA EDUCACIÓN INADECUADA, PODEMOS
APRENDER A SATISFACER LAS NECESIDADES DE ESE NIÑO AUN
SIENDO ADULTO. PODEMOS DESARROLLAR HABILIDADES
EN TODAS LAS ÁREAS DE INTERACCIÓN HUMANA.
NO ES CUESTIÓN DE DESAPRENDER; ES CUESTIÓN DE APRENDER
COSAS POR PRIMERA VEZ.

KIP FLOCK

Usted ya ha lamentado el hecho de que sus necesidades de desarrollo no hayan sido satisfechas. Ahora usted puede aprender una variedad de ejercicios que le ofrecerán experiencias correctivas. El trabajo correctivo es el aspecto de la terapia del niño interior que más esperanzas despierta. Nuestro daño es producto, en parte, de las deficiencias de aprendizaje, mas éstas las podemos corregir con un nuevo aprendizaje. Realizamos incidentalmente un nuevo aprendizaje conforme respondemos a las demandas sociales de desarrollo. Pero la mayoría de los adultos que tienen un niño interior herido, la falta de estas habilidades de desarrollo causa gran dolor e incomodidad. Muchos adultos no saben que su conducta inadecuada se debe a deficiencias en el aprendizaje. Una y otra vez se avergüenzan y culpan a sí mismos por sus fracasos y defectos de carácter. El realizar ejercicios correctivos ayuda a su niño interior herido a entender que sus *defectos* son carencias temporales. Las alteraciones de conducta de su niño interior herido son realmente maneras de sobrevivir que él ha aprendido. El psiquiatra Timmen Cermak compara estas conductas de supervivencia con las características de los desórdenes postraumáticos. Los soldados en batalla y otras personas que sufren hechos traumáticos, deben hacer acopio de todos sus recursos para sobrevivir. No tienen tiempo de expresar sus sentimientos, lo que es necesario para integrar el trauma. Más adelante, el sufrimiento no expresado se manifiesta en ataques de ansiedad, tendencia hacia una vida totalmente ordenada, lagunas de memoria, depresión, regresiones de edad e hipervigilancia. Éstos son los rasgos asociados con el desorden de estrés postraumático (DEPT).

Los siguientes ejercicios corregirán sus carencias de aprendizaje. Más que nada, mejorarán la habilidad de su niño interior para simplemente *ser* y para ser más amoroso y tener confianza en él mismo.

EJERCICIOS PARA SATISFACER LAS NECESIDADES DE SU INFANTE

En la infancia necesitamos estar lo suficientemente seguros de que *somos*. A la mayoría de nuestros niños interiores heridos se les enseñó que no era suficiente *ser*, sino que importarían y tendrían significado sus vidas solamente si se desarrollaban ciertas actividades. Esto condujo a la pérdida de nuestro sentido de Ser Yo. Ahora necesitamos aprender a no hacer nada y solo *ser*.

Los siguientes ejercicios le ayudarán a ser quien es. Elija el que le atraiga más:

"Métase en una tina con agua caliente y cocéntrese en su sensaciones corporales. Permanezca en la tina un buen rato.

"Reciba masaje regularmente.

"Dése manicura y hágase arreglar el cabello.

"Pídale a un amigo que le sirva de comer, que cocine por usted o lo lleve a un restaurante.

"Siéntese tranquilamente envuelto en una cobija o cobertor. En invierno, envuélvase así junto a una fogata y ase malvaviscos.

"Toque sensualmente a su amante por largos periodos.

"Haga que su amante lo bañe amorosamente.

"Dése un baño de burbujas o descanse en una tina con agua caliente y aceites para baño.

"Dedique algún tiempo para no hacer nada; no haga planes, no contraiga compromisos.

"En el verano, destine de 30 minutos a una hora diaria para nadar en una piscina.

"Repose en una hamaca por largo tiempo.

"Escuche alguna dulce canción de cuna.

"Mientras esté trabajando, provéase de líquidos y bébalos frecuentemente.

"Disfrute de pastillas de menta o de dulce cuando inicie un nuevo empleo o cuando empiece a hacer algo por primera vez.

"Cambie sus hábitos de comer. En lugar de las tres comidas ordinarias, consuma en pequeñas raciones alimentos nutritivos durante el día.

"Pídale a alguna persona que lo apoye en su terapia (idealmente una de cada sexo) y lo abrace durante diversos periodos.

"Tome todas las siestas que pueda en los días en que tenga tiempo libre.

"Descanse lo suficiente antes de realizar una actividad nueva.

"Realice "caminatas con un amigo. Pídale a él que le cubra los ojos con una banda y lo guíe por algunos sitios determinados.

"Confíe en el amigo que más le simpatice. Permítale hacer planes y disfrutar lo que realicen juntos.

"Búsquese un compañero y contémplense mutuamente durante nueve minutos. Rían, sonrían, hagan lo que necesiten hacer. Solamente permanezcan juntos; no hablen, únicamente *mírense* uno al otro.

"No piense en nada. Cuando no pensamos en nada, estamos meditando en nosotros mismos. En la infancia quedamos varados en la posibilidad de ser. Hay muchas maneras de meditar sobre el *ser* o en la *nada*. Tales meditaciones tienden a crear un estado de ausencia de mente.

Al aprender como adulto a permanecer en estado de ausencia de mente, conecta uno con el niño interior de la manera más profunda.

Meditación para tocar el poder de ser

A continuación se sugiere una sencilla meditación. Grandes maestros espirituales pasan años dominando esta técnica. Vale la pena practicarla. Le recomiendo grabar esta meditación. Utilice como fondo musical su melodía favorita.

En un principio concéntrese en su respiración... Simplemente advierta su respiración... Note lo que ocurre en su cuerpo cuando inhala y exhala... concéntrese en el aire que entra y en el que sale por su nariz... ¿Cuál es la diferencia?... Deje que su respiración penetre en su frente y al exhalar elimine cualquier tensión que descubra allí... Después respire y sienta ésta alrededor de sus ojos... Y al exhalar expulse cualquier tensión que encuentre allí... Luego haga lo mismo alrededor de su boca...

Repita la operación con su cuello y hombros... En seguida haga lo mismo con sus brazos y a través de sus manos... Respire y sienta el aire en la parte superior de su pecho y exhale cualquier tensión que pueda haber allí. Respire y permita que el aire llegue a su abdomen, sus glúteos y al exhalar elimine la tensión que encuentre allí. Ahora deje que todo su cuerpo se relaje... Imagine que está usted vacío... Imagine que un tibio sol dorado está pasando a través de usted... Ahora experimente una pesadez en su cuerpo. Sus párpados están muy pesados... también sus brazos... Sus piernas y pies están pesados... O puede usted sentirse muy ligero... como si todo su cuerpo estuviera flotando... Imagine que su mente se pone cada vez más oscura... En el centro de esa oscuridad, empieza usted a ver un punto de luz... La luz empieza a hacerse cada vez más grande... Hasta que todo el horizonte queda iluminado... Ahora contemple la luz... La luz pura... Dése cuenta de la nada que está usted experimentando... No hay nada allí... Simplemente el ser... Ahora lentamente vea el número tres aparecer en el centro de su horizonte... Percátese de que ha vuelto a respirar... Deje que su consciente recorra todo su cuerpo comenzando con los dedos de sus pies y suba por sus piernas, caderas, estómago, pecho, brazos, manos, cuello y hombros, rostro y cerebro... Advierta a su propio Yo Soy... Está usted vívidamente en contacto con usted... Con su propio Yo Soy... Ahora evoque el número dos... Y mueva los dedos de sus pies... mueva sus manos... Sienta que su cuerpo toca su silla y sus pies, el suelo... Escuche todos los sonidos a su alrededor... Ahora vea el número uno y lentamente abra los ojos...

Permanezca tranquilo unos momentos cuando haya terminado... Permítase ser solo usted.

Es necesario que estos ejercicios se realicen lentamente y después reflexione sobre ellos. Las experiencias de *ser* son como el comer adecuadamente: se necesita masticar bien el alimento, no tragarlo entero. Si usted medio mastica la comida, le costará trabajo digerirla. Si no se digiere, no se aprovecha la energía del alimento. Lo mismo ocurre con sus experiencias de "ser".

EJERCICIOS PARA SATISFACER LAS NECESIDADES DE SU BEBE

Etapa de gatear y exploración sensorial

Fritz Pearls señala que necesitamos "perder la mente y recobrar el sentido". A nuestro niño interior le bloquearon sus sentidos a una edad temprana. Necesitamos ponernos en contacto con el mundo sensorio que nos rodea una vez más. He aquí algunas actividades que puede usted desarrollar para restimular las necesidades exploratorias de su BEBÉ.

"Diríjase a un mercado de objetos usados o a un almacén departamental. Revise artículo por artículo, tóquelos; examine todo lo que le llame la atención.

"Acuda a una cafetería o restaurante que ofrezca servicio de buffet. Sírvase de todo. Pruebe los alimentos que no ha comido nunca antes.

"Acuda a una tienda de abarrotes y compre alimentos que normalmente no comería con las manos. Llévelos a casa y cómalos con las manos. Ensúciese tanto como quiera.

"Pase algún tiempo masticando o royendo algo crujiente.

"Acuda al departamento de frutas y legumbres de alguna tienda, y olfatee las diferentes frutas y legumbres.

"Diríjase a un lugar donde *nunca haya estado antes*. Ponga atención hasta del más mínimo detalle.

"Asista a un parque de juegos y reúnase con los muchachos. Colúmpiese; deslícese por la resbaladilla; trepe a los demás juegos.

"Vaya a la playa y pase varias horas jugando en la arena y el mar. Edifique algo con la arena.

"Consiga barro y juegue con él. Experimente haciendo figuras.

"Consiga pinturas y pase la tarde pintando con el dedo. Utilice todos los colores que pueda.

"Vístase con ropas de los colores más brillantes que encuentre y salga de paseo.

"Golpee con diferentes objetos que tenga en casa, nada más para escuchar su sonido. No olvide las cacerolas, sartenes y el servicio de plata.

"Asista a un parque de diversiones, súbase a los juegos y pasee por el lugar.

"Comuníquese con su compañero utilizando solamente gestos y ademanes.

Reconectándose con los deseos

Tal vez el ejercicio más importante de esta sección es el de ayudar a su niño interior a reconectarse con sus deseos. La parte más dañada de nuestro niño interior herido es su voluntad. La voluntad es deseo elevado al nivel de la acción. Como miembro de una familia disfuncional, no había manera de que nuestro niño interior pudiera poner atención a sus propias señales internas porque estaba muy ocupado luchando con la aflicción familiar. Desde un principio perdió el contacto con sus propias necesidades y deseos. Yo sabía qué era lo que quería mi mamá y mi papá antes de que ellos me lo hicieran saber. Al convertirme en un experto sobre los deseos de *ellos*, perdí el contacto con lo que *yo* quería. Literalmente aprendí a ignorar lo que quería, y al cabo de un tiempo dejé de desear cosas. Su adulto debe ayudar a su niño interior a reconocer sus propios deseos y a protegerlo mientras se arriesga a conseguir lo que quiere.

Una de las maneras más simples de identificar sus deseos consiste en elaborar una lista de sus conductas sustitutas. Después pregúntese: ¿Qué es lo que realmente necesito o deseo cuando me comporto de esta manera? He aquí una lista de las conductas sustitutas comunes:

"Decir mentiras.
"Comer cuando no se tiene hambre.
"Fumar un cigarrillo.
"Hacer pucheros.
"Insultar a un ser querido.

Cuando me doy cuenta que me estoy comportando así, me refugio en mi sillón favorito, cierro mis ojos y pongo mucha atención a las señales que hay dentro de mí. A menudo escucho a mi niño interior pedir algo. He aquí algunos ejemplos de los deseos que están detrás de las conductas sustitutas enumeradas arriba.

"El deseo de expresar ira.
"Me siento asustado y/o solitario y quiero estar con alguien.
"He dejado de fumar; pero cuando lo hacía, por lo general, sufría mi crónica depresión.
"Deseo que alguien sepa que yo realmente importo.
"Requiero su atención.
"Necesito caricias.

Existen otras conductas sustitutas que utiliza la gente cuando no se da cuenta de lo que desea. Algunas son bastante generales; otras, harto idiosincrásicas. Cada uno de nosotros debemos ayudar a nuestro niño interior prestando atención a las conductas sustitutas.

EJERCICIOS PARA LA
SEPARACIÓN DEL BEBÉ

Cuando los niños aprenden a *pararse en sus dos pies*, empiezan a independizarse. Existen algunos ejercicios que puede usted practicar si descubre que su niño interior herido de la edad mencionada no vio satisfechas sus necesidades de separación.

Practique a decir "no" y "no lo haré". Esto por lo general le causará temor si usted ha sido castigado y/o abandonado por decir "no". Jon y Laurie Weiss sugieren un método de tres pasos para aprender a decir *no*. Lo resumiré:

1. El primer paso es decir *no* en privado. Necesita usted decirlo a menudo (20 veces al día) y en voz alta. Diga que no hará las cosas que no quiere hacer. Esto le permitirá experimentar la rebeldía natural que sentía usted cuando era un pequeño de dos años de edad.

2. El siguiente paso consiste en decir *no* en un contexto semipúblico; en sus grupos de terapia, los Weisses le piden a un paciente que está trabajando en este aspecto diga *no* o *no quiero* en voz alta y no necesariamente en respuesta a algo que esté ocurriendo en el grupo. Obviamente, esta conducta sería descortés en cualquier otro contexto.

3. Ésta es la realidad. Usted va a decir *no* a alguien, y a sostener su negativa. Su negación debe respetar los sentimientos de la otra persona, pero *no asuma la responsabilidad por los sentimientos de él o ella*. Prefiera decir a una persona su opinión o sus sentimientos reales aunque no esté de acuerdo con ella.

Algunas veces es mucho más difícil decir que *no*. A mí me cuesta trabajo decir *no* cuando realmente quiero hacer algo o cuando se afecta un área vulnerable de mis necesidades insatisfechas. Una persona deseosa de ser tocada y abrazada puede experimentar gran dificultad para rechazar una propuesta de tipo sexual.

Mientras más ayude a su niño interior a identificar sus necesidades y a enseñarle a entenderlas, más fácil será decir *no*.

Estableciendo su propio dominio separado

Platique con las personas que viven con usted, respecto a la importancia de que cada una tenga sus posesiones separadas y su propio tiempo y espacio. Elabore un conjunto de reglas que gobiernen la separación de dominios. Una de éstas podrían ser las siguientes:

"Parte de mi tiempo es mío. Si quiero puedo compartirlo contigo.

"Nadie puede usar nada que me pertenezca sin mi permiso.

"Si te permito utilizar algo mío, espero que lo vuelvas a poner donde lo encontraste.

"Mi cuarto (o cualquier espacio que posea) es sagrado para mí. Si encuentran mi puerta cerrada, toquen para saber si pueden entrar. A veces puedo cerrar con llave mi puerta para asegurar mi privacía.

"Quiero llegar a un acuerdo sobre el espacio que utilizaré para trabajar, mi lugar en la mesa del comedor y mi propia silla.

Otra práctica útil para transformar una relación codependiente embrollada consiste en *elaborar una lista de lo que le pertenece a usted*. Escriba su nombre en unas tarjetas y péguelas a todos los objetos que le pertenezcan a usted. Quizá desee hacer un horario y pegarlo en la puerta de su habitación, señalando el tiempo en que usted desea estar solo y cuándo está dispuesto a tratar con los demás.

Practique a expresar la ira actual

Nuestra ira es parte de nuestro poder personal. Es la energía que usamos para proteger nuestras necesidades básicas. Si no expresamos nuestra ira nos convertimos en víctimas sufridas y aduladoras. Es probable que en la infancia usted haya sido severamente avergonzado y castigado cuando expresaba su ira. Su niño interior aprendió a evitarla. Con el paso de los años quedó tan embotado, que olvidó que estaba airado.

Su niño interior también puede haber aprendido a usar "artimañas de sentimiento" para cubrir su ira. Una artimaña de sentimiento se utiliza para manipular a alguien y para reemplazar el sentimiento que está uno experimentando en ese momento. Su niño interior puede haber aprendido que si se mostraba dolido o empezaba a llorar cuando era castigado por su ira, no podía obtener una respuesta tierna de su protector. Entonces recurrió a la artimaña de sentimiento: se mostraba dolido o triste cuando se sentía airado.

Una artimaña de culpa se forma de diversas maneras. Con frecuencia al niño que expresa su ira se le *hace sentir* que es malo. Se le enseña que toda expresión de ira es irrespetuosa. Tal conducta viola el Cuarto Mandamiento y es moralmente equivocada. Gran parte de la culpa que siente la gente acerca de sus padres es en realidad ira disfrazada contra ellos.

Debido a que su niño interior considera que la ira es volátil, le teme. La mayoría de los adultos son manipulados por la ira. Abandonarán su propia realidad para impedir que se enfade otra persona.

Ayudando a su niño interior a ponerse en contacto con su propia ira y enseñándole a expresarla, disminuirá su miedo. Puede aprender a controlar su ira. Tiene que saber que la ira de los otros les pertenece a *ellos*, y puede rehusarse a asumir la responsabilidad por ella.

Practique a expresar su ira pasada

Una vez que su niño interior sabe que lo tiene a usted para protegerlo, la ira del pasado por lo general empieza a emerger a la superficie. Su niño interior todavía puede estar enojado por cosas que ocurrieron en su infancia. Al convertirse usted en un ejemplo para su niño, desea usted acabar en el pasado. Acudir *directamente* a las personas que lo hicieron en el pasado por lo común no ayuda mucho. La ira contenida en el pasado puede ser resuelta simbólicamente. Tan solo cierre los ojos y vea a su niño interior. Pregúntele qué edad tiene. Luego imagínese a usted mismo flotando y penetrando en su cuerpo. Ahora es usted niño. Mire a su adulto y *tome la mano. Forme un ancla con su puño derecho.* Ahora haga que se presente la persona con la que está usted enfadado. Mírela ¿Qué ropa viste? Ahora, dígale por qué está usted enfadado. Mantenga el puño cerrado todo el tiempo. Cuando ha dicho usted todo lo que necesita decir, inhale profundamente y afloje su puño (es decir, permita que desaparezca su ancla). Conviértase otra vez en adulto. Tome a su niño interior y sáquelo del cuarto en que está usted. Abra los ojos lentamente.

Asegure a su niño interior que es correcto sentir y expresar la ira. Asegúrele que estará usted presente para protegerlo. Adviértale que puede estar enojado con usted y que usted no lo abandonará por esa causa.

Peligro: nota acerca de la ira

Nunca debe intentarse trabajar con la ira sin ayuda profesional. La ira es enojo vinculado a la vergüenza. La ira vinculada a la vergüenza aumenta en intensidad con los años. Cuando empezamos a dejar salir la ira, ésta es primitiva y ciega. Podemos gritar y aullar; podemos golpear y blandir nuestros brazos en todas direcciones.

La ira contiene elementos de terror. Por eso gritamos a menudo cuando estamos furiosos. Estar enojado todo el tiempo y enfurecernos por pequeñas causas puede ser señal de que existe una ira contenida en lo más profundo de nuestro ser y que necesita ser tratada.

Practique mostrarse en desacuerdo

Si alguien viola sus límites, necesita usted proteger a su niño interior. A mí me gusta utilizar un "modelo de percepción" para manifestar mi desacuerdo. El modelo de percepción se concentra en los cuatro poderes que poseemos cada uno de nosotros para interactuar con el mundo que nos rodea. Estos poderes son nuestros sentidos, nuestras mentes, nuestras emociones y nuevas voluntades (nuestros deseos y anhelos). Empleo los mensajes con "Yo" para encauzar la verdad de mi percepción. Los mensajes con "yo" son declaraciones autorresponsables. El modelo entero luce así:

Yo veo, escucho, etcétera. . . . . (sentidos)

Yo interpreto. . . . .(mente, pensamiento)

Yo siento. (emociones)

Yo quiero. (deseos)

Establecer un punto de vista diferente es honesto y crea confianza; por lo tanto, es un acto de amor. Cuando lo hago me valúo a mí mismo y fijo un límite. También confío en (y lo valúo a) usted lo suficiente para decirle qué es todo lo que ocurre en mí.

Practique el pensamiento de polaridad

El pensamiento de polaridad es un pensamiento sintético. Es lo opuesto al pensamiento polarizado del que hablé antes. Necesita usted ayudar a su niño interior para que aprenda a pensar con polaridad. Ninguna persona ni situación es totalmente buena o totalmente mala. El pensamiento de polaridad le permite a usted ver el "y/o" de la vida. En la Nueva Regla Cinco, lo exhortaré a mostrarse en desacuerdo con el absolutismo de su niño interior. Pensar en extremos es devastador para las relaciones adultas. Cuando nace un niño, él espera un amor incondicional de sus padres, pero ningún compañero adulto podrá ofrecernos amor incondicional. *Aun el más sano amor entre mayores de edad es condicional.* Como adultos, hay condiciones que debemos satisfacer si esperamos que otro comparta el amor con nosotros. Ningún compañero será perfecto; ningún compañero cuidará siempre de nosotros ni siempre estará presente para apoyarnos. La mayoría de nosotros aprenderá ocasionalmente que la realidad es "y/o", es decir, el comienzo de la sabiduría. Observe que todas las personas poseen un lado positivo y un lado negativo. Recuerde, no hay luz sin oscuridad; no hay sonido sin silencio; ninguna alegría sin pena; ninguna retención sin liberación.

A nuestro niño interior le agrada convertir a la gente en dioses. Lo hace para su protección. Debemos decir a nuestro niño interior que no existen las hadas madrinas. Cada vez que convertimos a alguien en gurú, nos degradamos nosotros. Comuníquele a su niño interior que usted será su gurú. Yo soy el mago sabio y amable de Juanito.

Practique las reglas de pelea limpia

Las que me gustan son:

1. Permanezca en el presente. Luche acerca de lo que acaba de suceder, no de algo que pasó hace 25 años.
2. Evite guardar rencores. A nuestro niño interior le gusta guardar cosas para luego arrojarlas contra la gente.
3. Apéguese a la conducta concreta, específica. El niño interior actúa mejor con cosas que puede ver, oír y tocar.
4. Sea rigurosamente honesto. En bien de la exactitud, más bien que de la discusión.

Practique fijar límites físicos

Le he enseñado a mi niño interior la siguiente declaración sobre los límites físicos: "Tengo derecho a determinar quién me puede tocar. Diré a los demás cuándo y cómo me pueden tocar. Puedo eludir el contacto físico en el momento que sienta que afecta mi integridad. Puedo hacerlo sin dar explicaciones. Nunca permitiré que nadie viole mi cuerpo a menos que mi vida esté en peligro".

Practique a ser intratable y terco

Actúe de esta manera especialmente cuando desee algo con vehemencia.

Practique a cambiar de parecer

Practique esta operación cinco o seis veces al día, mientras establece las necesidades de bebé.

EJERCICIOS DE PRÁCTICA DE PREESCOLAR

Su niño interior preescolar tuvo varias tareas importantes que realizar. Necesitó establecer el alcance de su poder definiéndose a sí mismo. Al desarrollarse la mente e imaginación de su niño interior, empezó a pensar acerca de sus experiencias, haciendo muchas preguntas y llegando a cientas conclusiones acerca de su intensidad sexual. Utilizó su imaginación para crear algunas imágenes acerca de la vida de adulto. Imaginó cómo era ser mamá o papá, cómo era trabajar y cómo tener relaciones sexuales.

Necesitó vincularse con el padre del mismo sexo para amarse como hombre (o como mujer).

Los preescolares piensan mucho en las cosas y empiezan a formarse una conciencia primitiva. La formación de la conciencia lleva al reconocimiento de que algunas cosas están bien y otras mal. Esto produce el sentimiento de culpa, que es la emoción que salvaguarda nuestra conciencia.

Practique hacer muchas preguntas

El niño interior herido actúa en razón del trance familiar. Acepta la palabra de la gente sin pedir aclaraciones. Duda, adivina, analiza y fantasea a su paso por la vida. A veces actúa como si lo supiera todo porque fue avergonzado siempre que cometía el más leve error. Aprenda a reconocer cuándo su niño interior está confundido. He aquí algunos ejemplos de las señales que emite mi niño interior cuando está confundido: me siento triste y contesto mal por la misma razón; puedo pensar en dos conductas opuestas y ambas tienen mucho mérito; no estoy seguro de lo que otra persona quiere de mí; no estoy seguro de lo que otra persona siente; me preguntan acerca de lo que quiero, y yo respondo que no lo sé.

Cuando su niño interior esté confundido, escriba al respecto. Por ejemplo, me siento contento porque he terminado una relación. Por la misma razón me siento triste. Me pregunto: "¿Cuál es la fuente de mi alegría?". La respuesta es: porque estoy libre para crear una nueva relación. Me siento triste porque recuerdo los momentos felices que pasé con esa persona. También rememoro algunos momentos negativos con esa persona. No hay nada malo en sentirse contento y triste; a menudo tenemos dos sentimientos diferentes hacia la misma persona. El escribir preguntas sobre el asunto, me ayuda a aclarar mi confusión.

Haga muchas preguntas. Hágale saber a su niño interior que no es fácil entender a otros. Nadie entiende la misma frase de la misma manera. Es importante darle oportunidad a nuestro niño interior para hacer preguntas.

Practique estar consciente de sus sentimientos

Recuerde, los sentimientos son nuestros principales motivadores biológicos. Lo que siente usted es el núcleo de su realidad auténtica en ese momento. Su niño interior ha tenido sus sentimientos tan ligados a la vergüenza recurrente, que cualquier cosa le hace experimentarlas. He aquí algunas sugerencias para alentar a su niño interior a *sentir y expresar sus sentimientos con seguridad.*

Durante 21 días, pase 30 minutos al día experimentando los sentimientos. Para ayudar a Juanito a experimentar sus sentimientos, yo uso la técnica de terapia gestalt de exageración. Si noto que me siento triste, dejo que mi rostro refleje la tristeza y hasta puedo fingir que lloro. Si noto que estoy disgustado, exagero la ira en mi cuerpo: aprieto el puño o, si tengo apretada la quijada, la aprieto aún más. Emito gruñidos. A veces le pego a una almohada con mi puño.

También expreso mis sentimientos con palabras. Dejo que Juanito manifieste la emoción con la mayor fuerza posible.

Efectúe este ejercicio con sentimientos de dicha y felicidad. Si está usted contento y sonriente, sonría aún más. Grite de alegría. Salte y baile. Utilice esta técnica cuando se percate de un sentimiento, y desarróllela en un marco apropiado (no en medio de una asamblea de ventas).

Practique a fijar límites emocionales

Me gusta decirle a mi niño interior que tiene derecho a fijar sus propios límites emocionales. Mi declaración para establecer límites emocionales es:

"Las emociones no son buenas ni malas. Simplemente son lo que son. Lo que usted siente acerca de mí trata de la historia emocional de usted; lo que yo siento respecto a usted, es acerca de mi historia emocional. Respetaré y valoraré sus emociones y le pido que haga lo mismo por mí. No seré manipulado por su ira, tristeza, temor o alegría."

Practique a fijar límites sexuales

La identidad sexual es uno de los intereses básicos de los preescolares, aunque ellos no son muy versados en cuestiones sexuales. La energía vital es energía sexual, e incita al preescolar a encontrar los límites de su poder estableciendo una autodefinición, una identidad. La identidad sexual es la esencia de nuestra verdadera identidad. El sexo no es algo que tenemos, es lo que somos. Las creencias de su niño interior acerca de la sexualidad están basados en: el grado de intimidad funcional en el matrimonio de sus padres; la vinculación con el padre del mismo sexo, y con las creencias de sus padres acerca del sexo.

Si usted no ha explorado verdaderamente su propia sexualidad, es importante que lo haga. Su niño interior está cargado con amonestaciones paternas acerca de cuestiones sexuales. Necesita que usted fije sus propios límites sexuales y los tenga claramente presentes. Yo creo que es útil escribir lo que se piensa de ellos, ya que esto le ayudará a aclarar las cosas. Elabore una relación con todas sus creencias acerca del sexo. Incluya cosas como la frecuencia del sexo; el tiempo apropiado para el acto; la gama de conductas sexuales permisibles; la plática sexual; la conducta sexual pervertida; manipuleos sexuales; la reacción sexual masculina; la reacción sexual femenina. Junto a cada tema, escriba cómo se originó su creencia. Por ejemplo, si bajo la columna de conducta sexual pervertida, anotó usted el sexo oral, pregúntese a sí mismo quién le dijo que el sexo oral era pervertido. Si su pregunta corresponde a una situación distinta a su propia experiencia o a su preferencia, podría considerar seriamente experimentar con tal conducta. Necesitamos ayudar a nuestro interior niño a establecer sus propias creencias sexuales proporcionándole la mayor información posible. Esto requiere el uso de nuestra experiencia y razonamiento de adultos y considerar prudentemente las tradiciones culturales y espirituales que hemos heredado. A mí me parece obvio que un planteamiento normal prohibiría la explotación y/o violación de otra persona. Esto permite un amplio rango de experiencias sexuales perfectamente aceptables entre adultos. Cada persona necesita decidir por sí misma sus límites sexuales.

Practique liberar su imaginación

A menudo el niño interior se siente desesperanzado. Tal situación se debe a que a temprana edad su imaginación fue bloqueada. A su niño interior se le pudo haber llamado soñador, o pudo haber sido avergonzado por imaginar cosas. Dedíque periodos de 30 minutos a vislumbrar nuevas posibilidades para usted y su vida. Realice un viaje fantástico. Permítase ser lo que usted quiera ser. Comience su fantasía con: "Y si...". Escriba cuáles fueron sus fantasías cuando haya terminado. Con el tiempo, puede usted encontrarse con que ciertas visiones se presentan ocasionalmente. ¡Tómelas en serio! Una declaración escrita para su límite de imaginación podría ser: "Puedo visualizar y visualizaré mi propio futuro, no importa cuán extravagante le parezca a usted mi visión".

Arrostre sus esperanzas mágicas

La magia es diferente de la fantasía. La fantasía es un acto de la imaginación. La magia es la creencia en que ciertas conductas, pensamientos o sentimientos, pueden hacer que ocurran cosas en el mundo aunque no haya una verdadera relación de causa y efecto. "Di la palabra mágica", es una conminación común paternal, y a menudo el niño interior herido se llena de magia. Piensa que si es una cocinera y compañera sexual perfecta, su esposo ya no trabajará obsesivamente, o dejará de beber o participar en juegos de azar. Él piensa que si trabaja obsesivamente y gana mucho dinero, ella será automáticamente feliz.

"Tratar" es otra conducta mágica. Muchos niños interiores heridos aprendieron que *si trataban empeñosamente, no tenían que hacer las cosas*. En una sesión de terapia cuando asigno una tarea a una persona y escucho a su humilde pequeño niño interior decir: "trataré", sé que en realidad quiere decir "no lo haré".

Al ser un ejemplo para su niño interior debe usted desafiar todas las creencias mágicas de la infancia. La vida es difícil; no existe Santa Claus; *eso no es justo la mayor parte de las veces*.

Aprenda a quererse usted como hombre

Es importante que un hombre se sienta como un hombre. Esto es cierto no importa cuál sea su orientación sexual. Creo que para sentirse como un hombre, nuestro pequeño niño interior necesitó haber sido amado por un hombre. Muchos de nosotros perdimos a nuestros padres. Nos abandonaron física o emocionalmente. Murieron jóvenes, en guerras, en accidentes o por enfermedad. Murieron psicológicamente bajo la carga del trabajo deshumanizado. Nuestro niño interior herido no tuvo padre con quien *vincularse*, y por lo tanto nunca rompió el vínculo con su madre. Sin vinculación con su padre, su niño interior nunca experimentó el amor de un hombre. ¿Así, cómo podría él amarse como hombre? Consecuentemente, o corre con mujeres maternales para consolarse cuando sufre o sigue tratando de consolar a mujeres necesitadas, o un poco de ambas cosas. La pérdida del padre provoca una herida masculina. No puede ser curada por una mujer.

Se puede corregir esta pérdida buscando a otros hombres con quienes compartir el problema. Esta colaboración masculina debe ser muy diferente de la camaradería masculina que conocemos, la cual consiste en competir y jactarse de conquistas femeninas. Esta forma de compartir requiere romper el patrón de nuestro guión cultural masculino. Demanda que seamos mutuamente vulnerables, que compartamos temores y desengaños. Compartir esta vulnerabilidad crea un vínculo verdadero de amor e intimidad, y uno empieza a amarse como hombre.

Aprenda a amarse usted como mujer

Para amarse usted a sí misma como mujer, su niña interior necesitó ser amada por una mujer. Esto no tiene nada qué ver con la orientación sexual. Tiene que ver con su propio ser. Mucho se ha escrito acerca del fracaso de la atención maternal experimentado por muchas personas. Este fracaso tiene impacto especial en las hijas. El fracaso de los cuidados maternales se debe principalmente al fracaso de la intimidad marital. Debido a este fracaso, la madre se siente frustrada y solitaria. Puede recurrir a su hijo y convertirlo en su Hombrecito Pequeño, rechazando así a su hija. O puede volverse a su hija y utilizarla para llenar su vacío.

Cuando una niña pequeña no cuenta con el saludable amor de su madre, crece sin los aspectos cruciales de su identidad sexual. Por eso es que tantas mujeres creen mágicamente que cumplen con su función como mujeres solamente *si un hombre las ama*. Si se acaba su relación masculina, son presas del pánico. Entonces se lanzan a otra relación masculina para sentirse bien. Si éste es el caso de usted, necesita dejar que su niña interior herida experimente el amor de una mujer. Busque dos o tres mujeres dispuestas a compartir su vulnerabilidad con usted. No deben tratar de aplicarse mutuamente terapia. Pero apóyense una a la otra en la búsqueda de la autorrealización. Su niña interior necesita saber que cuenta con usted para defenderla en su esfuerzo por ser independiente. Necesita saber que puede lograrlo con usted y su grupo de apoyo, y que no *necesita* a un hombre para ser feliz. Puede *querer* a un hombre en su vida como parte de un natural impulso femenino, pero esto lo logrará cuando sea autosuficiente e independiente.

Confronte su culpabilidad tóxica

Como lo he señalado, necesitamos una culpabilidad saludable para formar una conciencia y fijar límites a nuestra conducta. Sin ella seríamos antisociales. Pero el niño interior herido alberga demasiada culpabilidad recurrente. Ésta le impide ser su único *yo*. Agrava su herida espiritual.

La culpabilidad recurrente tiene dos facetas. Una es el resultado de vivir en un sistema familiar con problemas. En tal sistema cada persona es forzada a desempeñar un determinado papel a fin de mantener equilibrado el sistema. Si la persona abandona su rol, la familia arroja culpa sobre tal persona. La mejor manera de enfrentar tal culpa consiste en ayudar a su niño herido a abandonar el papel que representaba en el sistema familiar. Practique los métodos descritos anteriormente (Capítulo 10).

La segunda forma de culpabilidad resulta de la ira vuelta contra uno ("ira reflejada"). Su niño interior herido se enojó a menudo con sus padres, pero no pudo expresar esa ira.

Para trabajar sobre esta culpa, usted necesita expresar la ira subyacente de manera directa. Emplee la técnica de imaginación que describí anteriormente, para desechar esa ira anquilosada. Separar al padre que causa la culpa, rescatando el dolor y sufrimiento originales también ayudará.

Asimismo, considere de qué manera usted ha acumulado cierta culpabilidad en relación con las necesidades de su sistema familiar. Un cliente mío se convirtió, a causa del abandono de su padre, en el protector de su madre. Su niño interior se siente culpable cada vez que su madre está necesitada, lo que sucede la mayor parte del tiempo. Me confesó que siempre que se halla en una situación particularmente difícil o de estrés, se pregunta qué ocurriría a su madre si tuviera que confrontar una situación similar. Su niño interior se siente a gusto solamente cuando sabe que su madre es feliz. Como es raro que ella esté contenta, él se siente culpable la mayor parte del tiempo.

En ambos casos es crucial realizar el rescate del sufrimiento original descrito en la Parte 2. Usted necesita decir constantemente a su niño interior que él no es responsable de la disfuncionalidad de sus padres.

EJERCICIOS PARA SU NIÑO INTERIOR DE EDAD ESCOLAR

Cuando su niño interior asistió a la escuela, dejó los limitados confines de la familia y se mudó con una familia mayor: la sociedad. Tuvo dos principales tareas que realizar a fin de lograr una adaptación saludable. Su primer tarea se concentró en el desarrollo de habilidades sociales: interactuar y cooperar con sus compañeros y ser competitivo en un sentido positivo, de modo de disfrutar de sus triunfos y aceptar derrotas.

Su segunda tarea fue la de adquirir los conocimientos necesarios para desarrollar una carrera que le asegurara más tarde la supervivencia económica.

Su niño interior también tuvo que aprender que la gente externa a su familia es a menudo muy diferente. Pertenece a diferentes grupos étnicos, religiosos, políticos y socioeconómicos. Su niño interior necesitó encontrar su propia identidad en relación con la sociedad.

Si considera usted que su niño de edad escolar fue herido, he aquí algunos ejercicios que puede usted realizar.

Haga un inventario de habilidades para vivir

Elabore una lista de las habilidades que ya posee. A continuación prepare otra relación con las habilidades que no posee y que le facilitarían la vida. En mi caso, quisiera haber estudiado gramática. **Resolví** el problema porque tenía una buena memoria y estudiaba mucho para los exámenes. También carecía de habilidades mecánicas.

Seleccione una actividad o técnica que le permitirá tener un mejor desarrollo y: a) tome un curso sobre el tema, o b) consiga a alguien que le enseñe esa especialidad.

Es importante insistirle una y otra vez a su niño interior herido que gran parte de la vida se basa en las habilidades aprendidas. Él cree a menudo que la gente triunfa en virtud de algún "poder mágico". Necesitamos decirle a nuestro niño interior herido que por lo general la gente progresa más que nosotros porque tuvieron mejores ejemplos que seguir y practicaron más cuando fueron jóvenes, y que si carece de ciertas habilidades es porque nadie se las enseñó. Teniéndolo a usted como ejemplo él puede aprender esas habilidades ahora.

Haga un inventario de habilidades sociales

Elabore una lista de las habilidades sociales que necesita usted aprender. Son las habilidades que le facilitarán actuar en reuniones sociales; pasarla bien en la oficina; conocer personas; ser más diplomático; ser un mejor conversador y así sucesivamente.

Busque una persona que posea esa habilidad de la que usted carece. Observe sus acciones y tome notas.

Advierta hasta el menor detalle. Después de recabar algunos datos sobre lo que hace esa persona, imagínesela durante periodos de 15 a 30 minutos haciendo las cosas que usted desea hacer. Delimite un pequeño marco de conducta de él y ánclela. Luego, mientras conserva su ancla, imagínese actuando conforme a la misma conducta. Delimite otro marco y repita el procedimiento. Haga esto durante una semana. Entonces, véase a usted mismo haciendo toda la secuencia. Usted puede utilizar este método para aprender cualquier nueva habilidad social.

Practique la aclaración de valores

Sus valores son sus límites intelectuales. Su niño interior a menudo no sabe qué es lo que cree, porque fue coaccionado y le "lavaron el cerebro" en la escuela eclesiástica y laica.

El libro *Values Clarification*, de Sidney Simon, Leland Howe y Howard Kirschenbaum, es un clásico en este terreno. Estos autores aseveran que un valor no es un valor a menos que cuente con siete elementos, que son:

1. Debe ser seleccionado.
2. Deben existir alternativas.
3. Usted debe conocer las consecuencias de su elección.
4. Una vez seleccionado, usted lo estima y aprecia.
5. Usted está dispuesto a proclamarlo públicamente.
6. Usted actúa sobre este valor.
7. Usted actúa sobre él consistente y repetidamente.

Prepare una relación con las 10 creencias más apreciadas (sus 10 mandamientos). Luego valúelas conforme a esta lista y observe cuántas de sus creencias concuerdan con este criterio.

La primera vez que realicé este ejercicio me sentí impresionado y levemente deprimido. Muy poco de lo que creía era en realidad un valor.

Utilizando este criterio, puede comenzar a trabajar sobre su propia formación de valores. Usted puede conservar lo que tiene y comenzar a cambiar lo que no quiere. Puede ser emocionante para usted y su niño interior establecer sus propios valores.

Practique fijar límites intelectuales

Es importante que enseñe a su niño interior a decir lo siguiente:
Tengo derecho a creer cualquier cosa. Solamente necesito
asumir las consecuencias de mis creencias. Todas las creencias
son parciales. Cada uno de nosotros ve las cosas desde nuestro
propio y limitado punto de vista.

Evaluando su espíritu competitivo

Es importante ser un ganador; también es importante ser un
buen perdedor. Recuerdo una noche que jugábamos a los naipes con mi familia. Jugábamos por dinero, y al hacerse más
elevadas las apuestas, mi suegra empezó a experimentar una
regresión. Cuando perdió la apuesta más grande de la noche
(consistente en dos dólares), arrojó los naipes y renunció. ¡Tenía
77 años de edad! Obviamente el juego desencadenó una espontánea regresión de edad. En una cultura donde se exagera
desproporcionadamente el deseo de triunfo, nos duele mucho
perder.

Es bueno reunir a un grupo de amigos para practicar juegos
en los que todos puedan ganar.

Ganar es la única fórmula con la que todos están de acuerdo.
Intente desarrollar actividades que le garanticen obtener un
triunfo. A su niño interior esto le gustará mucho.

Practique negociar

Su niño interior herido a menudo desea lo que quiere cuando lo
quiere. Piensa que su manera de ser es la más adecuada. Su
adulto debe enseñarle que la negociación y la cooperación son
la clave de una relación adulta feliz y una vida interdependiente.

Los niños cooperarán si se les ofrece la oportunidad de experimentar las *ventajas de la negociación*. La mayoría de nuestros niños interiores heridos nunca han visto un conflicto resuelto de una manera sana. El no concluir adecuadamente determinada situación es clásico de las familias disfuncionales, cuyas actitudes están basadas en la vergüenza. Esto implica que las mismas peleas continuarán durante años.

Usted puede aprender a utilizar los desacuerdos como combustible para nuevas y expansivas ideas. El debate y el análisis son herramientas para que cada persona encuentre su camino.

Sin embargo, ese debate debe guiarse por ciertas reglas, y será necesario que alguna persona funcione como coordinador del mismo. Integre un grupo de personas y celebre debates sobre situaciones en las que no estén de acuerdo.

EJERCICIOS PARA ROMPER SU EMBROLLO PATERNAL PRIMARIO

Éste es el ejercicio que yo utilizo en relación con los *roles* del sistema familiar embrollado que discutí en el Capítulo 7. Estos papeles comprenden vinculación generacional cruzada. A menudo involucran abuso sexual, no físico.

El ejercicio está basado en el trabajo de Connirae y Steve Andreas y se le puede hallar en su forma original en el libro *Heart of the Mind* (Corazón de la Mente).

Es recomendable que usted grabe este ejercicio; o en su caso, que un terapeuta, un amigo de confianza o una persona que lo apoye lo guíe a través del proceso. Disponga de 30 minutos para realizar todo el ejercicio. Busque un lugar tranquilo donde no lo distraigan y realice *parado* el ejercicio. Haga una pausa de 30 segundos cuando aparezcan los puntos suspensivos.

PASO UNO: El padre embrollado

Cierre los ojos y concentre su atención en uno de sus padres, con el que se sienta usted que existía una mayor relación. Intente ver, sentir y escuchar a esa persona en su experiencia interna. Cuando él o ella esté con usted, *evóquelo en su actitud más positiva*. Su inconsciente sabrá exactamente cuál es esa actitud...

Si no puede usted visualizar a sus padres, imagínese que él o ella están allí.

PASO DOS: Sensación de embrollamiento

Ahora vea a su niño interior herido de edad escolar de pie, junto a ese padre... Repare en la ropa que lleva puesta el niño... Evoque a su niño hablando con el padre... Ahora introdúzcase en el cuerpo de su niño interior y mire a través de sus ojos al padre de usted... observe a su padre desde ángulos diferentes... Cómo huele su padre... Enseguida camine hasta donde está su padre y abrácelo... ¿Qué se siente estar en contacto físico con él?... ¿De qué manera se siente usted conectado con su padre? ¿Cómo considera usted que ese padre esté unido a usted? ¿Es una unión física? ¿Es una unión de alguna parte de su cuerpo? (muchas personas experimentan esta conexión en la ingle, el estómago o en el pecho).

PASO TRES: Rompiendo temporalmente el embrollo

Ahora interrumpa esta conexión por un momento... Si está usted unido por un cordón, imagine que corta éste con unas tijeras... Si esta unido al cuerpo de su padre, imagine que un haz de luz dorada, milagrosa, los separa y sana la herida simultáneamente... A estas alturas la separación resultará desagradable para usted... Ésta es señal de que la conexión tiene un propósito importante en su vida. Recuerde, no se está usted desconectando. Sólo experimenta la sensación de separarse temporalmente.

PASO CUATRO: Descubriendo el propósito positivo del embrollo

Ahora pregúntese: "¿Qué obtengo realmente de este padre que satisface mis necesidades básicas?"... ¿Qué es lo que realmente deseo de este padre?"... Espere hasta que obtenga una respuesta que le satisfaga profundamente, como sentir seguridad, protección contra la muerte, saber que usted es importante, digno de ser amado y valioso... Ahora restablezca la conexión con su padre.

PASO CINCO: Usando su potencia de adulto

Ahora véase a usted mismo como un sabio y amable mago (o plenamente consciente de su yo más poderoso). Percátese de que usted, de mayor edad, es capaz de darse a sí mismo lo que quiere y que confía en aclarar su embrollada relación paternal. Observe bien como adulto, como un persona de muchos recursos... Note cómo esta parte de usted luce, se mueve y suena. Acuda a abrazar a su yo adulto... Sienta el poder y potencia de usted adulto... Dése cuenta de que lo peor que ha temido usted siempre ya le ha ocurrido... Usted fue violado y abandonado al ser embrollado... y a pesar de todo... su adulto ha sobrevivido y se ha desarrollado.

PASO SEIS: Transformando la conexión con su padre en una conexión con usted mismo

Regrese otra vez a su embrollado padre... Vea y sienta la conexión... Corte la conexión e inmediatamente conéctese una vez más con su yo adulto de la misma manera en que estuvo usted conectado con su padre... Disfrute el sentirse interdependiente con alguien con quien puede usted contar completamente: usted mismo. Agradezca a su adulto estar presente para apoyarlo a usted. Disfrute recibiendo de su adulto lo que usted deseaba de su padre. Su adulto es la persona que usted nunca puede perder.

PASO SIETE: Respetando a su padre embrollado

Ahora mire a su padre embrollado y sienta que él también puede elegir. Puede reconectar el cordón a su yo adulto de él. Recuerde que su padre tiene las mismas opciones para recuperarse que tiene usted. De hecho, note que su padre embrollado no tiene oportunidad de tener integridad verdadera si permanece unido a usted... Usted lo ama al darle la oportunidad de ser integrado. Ahora tiene usted la oportunidad por primera vez de sostener una verdadera relación con él.

PASO OCHO: Relación con el yo

Ahora regrese a su yo adulto... Sienta la interconexión con su niño interior herido de edad escolar. Ahora debe estar consciente de que usted puede amar y apreciar a este niño y darle lo que necesitaba de su padre.

PARTE
4

REGENERACIÓN

ES IMPORTANTE ENTENDER QUE LA NECESIDAD DE HALLAR AL NIÑO QUE TENEMOS DENTRO ES PARTE DE UN ANTIGUO ANHELO HUMANO. DETRÁS DE NUESTRO PASADO INDIVIDUAL YACE NUESTRO PASADO CULTURAL, CONTENIDO EN MITOS. EN ÉSTOS, EL NIÑO ES A MENUDO PRODUCTO DE LA UNIÓN DE LO HUMANO Y LO DIVINO. ES EL NIÑO MÍTICO... EL QUE BUSCAMOS, ASÍ COMO EL NIÑO DE NUESTRA HISTORIA PERSONAL.

RACHEL V

Y EL FIN DE TODAS NUESTRAS EXPLORACIONES
SERÁ LLEGAR A DONDE COMENZAMOS
Y CONOCER EL LUGAR POR PRIMERA VEZ

T. S. ELIOT
CUATRO CUARTETOS

DONDE SOLO HABÍA EXISTIDO UN VACÍO TENEBROSO... AHORA ABUNDA LA VITALIDAD. NO SE TRATA DE UNA BIENVENIDA AL HOGAR, YA QUE ESTE HOGAR NUNCA ANTES HABÍA EXISTIDO. ES EL DESCUBRIMIENTO DEL HOGAR.

ALICE MILLER

INTRODUCCIÓN

A medida que usted permite que su niño se convierta en parte integral de su vida —dialogando con él, escuchándolo, trazando límites para él, haciéndole saber que usted nunca lo dejará—, empiezan a emerger un nuevo poder y una mayor creatividad; asimismo, usted tendrá una visión positiva de su niño, enriquecida por sus años de experiencia como adulto.

El niño que ahora emerge es su niño maravilloso. Conforme avanza su trabajo, su niño maravilloso naturalmente florecerá, se desarrollará y pasará a la autoactualización. El estado natural de ese niño maravilloso es la creatividad. Al ponerse en contacto con su creatividad, descubrirá su esencia, su más profundo y único ser.

En esta última sección me concentraré en la necesidad universal humana de encontrar a nuestro niño maravilloso. Señalaré dos de las maneras en que la mitología ha presenciado la regeneración y poder de transformación del niño maravilloso. El primer patrón mítico involucra al *puer aeternus*, o niño eterno, que da entrada a la edad de oro. El segundo patrón mítico es el infante divinidad/héroe que ha estado desterrado y viene a buscar su nacimiento divino. Ambos son símbolos de la vital e ineluctable urgencia humana por realizarse y trascender continuamente.

CAPÍTULO 13

El niño como símbolo universal de regeneración y transformación

EL "NIÑO" ES TODO LO QUE ESTÁ ABANDONADO Y EXPUESTO,
PERO AL MISMO TIEMPO ES DIVINAMENTE PODEROSO; EL
INSIGNIFICANTE COMIENZO TITUBEANTE, Y EL TRIUNFANTE FINAL.
EL "NIÑO ETERNO" EN EL HOMBRE ES UNA EXPERIENCIA
INDESCRIPTIBLE, UNA INCONGRUENCIA, UN INCONVENIENTE Y UNA
PRERROGATIVA DIVINA; UN IMPONDERABLE QUE DETERMINA EL
VALOR FINAL O LA FALTA DEL MISMO DE UNA PERSONALIDAD.

C.G. JUNG

El brillante psicólogo Carl Jung analizó la paradójica cualidad del niño interior. Para Jung, el niño era fuente de divinidad, regeneración, pero al mismo tiempo una posible fuente de contaminación y destrucción. Jung vio claramente al *niño herido* como una parte del niño arquetípico. Esto demuestra cabalmente el genio de Jung, pues apenas hace 50 años que la conciencia humana ha concentrado su atención en el niño herido. De hecho, creo que el niño herido se ha convertido en un *arquetipo moderno*.

Un arquetipo es la representación de la experiencia acumulada y colectiva de la humanidad, un potencial universal en cada ser humano. Jung consideraba que cuando cierto patrón de la experiencia humana quedaba claramente establecido, se convertía en parte de nuestra herencia psíquica colectiva. Creía que los arquetipos se transmiten genéticamente con el DNA.

Los arquetipos son como órganos de nuestra psique, comparables con las estructuras óseas de nuestro cuerpo. Los arquetipos son predisposiciones psíquicas congénitas derivadas de patrones heredados creados en generaciones pasadas. Estos patrones emergen cuando se llega a ciertos umbrales de la experiencia humana.

Los arquetipos comprenden los aspectos positivo y negativo de los patrones que representan. En el arquetipo materno el aspecto positivo es la madre solícita propiciatoria de la vida; el aspecto negativo es la madre que ahoga, devora y destruye a sus hijos.

En el arquetipo paterno, el aspecto positivo protege y fija límites para sus hijos y transmite las leyes y tradiciones de la cultura. El padre negativo es el tirano que, temiendo la pérdida de su poder, mantiene a sus hijos esclavizados y se rehúsa a transmitirles tradiciones.

En en el arquetipo del niño, el niño positivo es vulnerable, infantil, espontáneo y creativo. El niño negativo es egoísta, infantil y se resiste al desarrollo emocional e intelectual.

El aspecto negativo del niño es el niño herido. A partir de este siglo el niño interior herido ha recibido nuestra atención. En el pasado, era común y se consideraba natural abusar y subyugar a los niños. Todavía en 1890 no se había fundado una Sociedad para la Prevención de la Crueldad con los Niños,

aunque sí existía una Sociedad para la Prevención de la Crueldad con los Animales.

Uno de los grandes avances de nuestra generación ha sido la
denuncia del abuso en los niños. Hemos llegado a entender que
nuestras reglas actuales para criar niños avergüenzan y violan
su individualidad y su dignidad. Tales reglas han formado parte
de nuestro deterioro emocional. Alice Miller ha demostrado con
dolorosa claridad cómo nuestras actuales normas paternales han
tendido a hacer que el niño proyecte la imagen del padre.
También han forzado la idealización de los padres por el niño
herido. Tal idealización crea un vínculo fantástico que asegura
al niño herido el amor de sus padres. Pero también ha perpe-
tuado el abuso de los niños durante generaciones.

George Bernard Shaw acuñó una maravillosa descripción de
un niño:

*¿Qué es un niño? Es un experimento. Un nuevo intento por
producir al hombre justo... es decir, por hacer divina a la humanidad.*

Shaw comprendía cabalmente que no se podía jugar ni manipular con este experimento.

Y si trata de modelar a este nuevo ser conforme a la concepción que tiene usted de lo que es un hombre o una mujer divinos, entonces destruirá las más preciadas esperanzas de él y tal
vez engendre un monstruo.

Ante tales circunstancias hemos llegado a tomar conciencia.
Al confrontar la antigua y penetrante tradición del abuso en los
niños, estamos dando nuevos nombres a los demonios del incesto, al castigo, a los golpes y a la violación de la emoción.
Asistimos claramente al *asesinato del alma*, que constituye la
herida espiritual que resulta de la violación del Yo de un niño.

La masiva energía del movimiento del niño adulto atestigua
este nuevo entendimiento del arquetipo del niño herido.

EL *PUER AETERNUS*

En todas las mitologías del mundo, la creación se repite eterna y cíclicamente. En forma periódica el mundo vuelve al caos. Las montañas se desmoronan, las llanuras son arrasadas por lluvias torrenciales, la tierra tiembla, los muertos retornan. Estos eventos son la apocalíptica prefiguración de la nueva edad de oro. Todo debe ser reducido a cenizas antes de que pueda empezar una nueva generación.

En muchos mitos, un nuevo árbol brota de las ruinas caóticas. La copa del árbol llega al cielo. Entonces un *niño* milagroso aparece y sube por el tronco del árbol. Es la llegada de este niño milagroso, este *puer aeternus*, lo que marca el comienzo de la edad de oro.

En algunas leyendas el niño altera la estructura del cosmos. En otros mitos el niño es portador de la integridad que caracteriza la edad de oro. Con la llegada del niño todos los opuestos se reconciliaron. Los viejos se vuelven jóvenes; los enfermos sanan; el camote y las patatas crecen en los árboles; los cocos y las piñas crecen en la tierra. Hay abundancia de alimento y mercancías; nadie tiene que trabajar ni pagar impuesto. En todos estos mitos el niño es el símbolo de la regeneración y la integridad.

Es a este aspecto creador y regenerador del niño al que me dedico ahora.

EL NIÑO MARAVILLOSO COMO YO AUTENTICO

En la novela de Gail Godwin, *The Finishing School*, uno de los personajes afirma: "Hay dos clases de personas… Usted puede señalar, con solo mirar a una de ellas, en qué punto cuajó en su *yo* final... usted sabe que no puede esperar más sorpresas de ella... la otra, no deja de moverse, de cambiar... y de hacer nuevas citas con la vida, y ese movimiento la mantiene joven". El último tipo es una persona que está en contacto con su niño maravilloso. Su niño maravilloso es el auténtico *yo*.

Lo recuerdo como si fuera ayer. Tenía 12 años y estaba esperando el autobús cuando tuve una muy poderosa experiencia de mi Yo. De alguna forma comprendí que yo era yo y que no había nadie más como yo. Recuerdo que me asusté al reconocer mi soledad. Recuerdo haber pensado que mis ojos eran ventanas a través de las cuales solo yo podía ver. Me di cuenta de que nadie más podía ver al mundo desde mi punto de vista. También comprendí que nadie más podía estar realmente dentro de mí, que yo estaba separado de todos los demás. Yo era yo y nadie podía alterar esa situación; no importa lo que me hicieran o lo que me pidieran que hiciera. Yo era quien era; era único.

Esta precoz experiencia de mi propio ser fue obra de mi niño maravilloso. Y 43 años después ese niño maravilloso está hablando a través de mí mientras escribo este libro. En lo profundo de mi conciencia nada ha cambiado. Aunque durante muchos años mi niño herido evitó que yo experimentara lo sagrado del momento presente, poco a poco regresa a mí la sensación primitiva de asombro y maravilla. Otra vez puedo sentir escalofríos por mi espina dorsal cuando experimento la esencia de una puesta de sol o de una noche estrellada.

Usted puede expandir continuamente su conciencia y ampliar sus horizontes, pero la esencia de su auténtico ser nunca cambia. San Francisco de Asís escribió: "A quien buscamos es quien nos está mirando". Los psicólogos transpersonales lo llaman su "yo testigo", el "yo" que me mira.

Su niño maravilloso es su *ser esencial*. Los psicólogos transpersonales hacen una distinción entre el *yo* esencial y el yo adaptado. Para describir su yo esencial ellos emplean la palabra *alma*. Para señalar su yo adaptado utilizan el término *ego*.

En su modelo, el ego de usted es la esfera de conciencia limitada que usa para adaptarse a las demandas de su familia y cultura. El ego está limitado por estas necesidades de supervivencia. Es su *yo* vinculado al tiempo y está arraigado en su familia de origen, así como en la cultura en la que nació usted. Todos los sistemas culturales y familiares son relativos y representan solamente una de las muchas maneras posibles en que puede entenderse e interpretarse la realidad. Aunque la adaptación de su ego haya sido *plenamente funcional* en relación con su familia y cultura, aun así estuvo limitado y fragmentado en relación con su *yo* verdadero. En la teoría transpersonal, *su ego nunca será auténtico, en comparación con lo que sucede con su alma.* Por esto es que yo identifico al alma con el niño maravilloso y al ego con el niño herido.

Aun así, el ego de usted debe integrarse y ser funcional si es que usted ha de sobrevivir y resolver las exigencias de la vida diaria.

Un ego fuerte e integrado le da a usted una sensación de confianza y control. El recuperar y ser el ejemplo de su niño interior herido le permite a usted curar e integrar su ego. Una vez integrado, su ego se convierte entonces en la fuente de fuerza que le permite explorar a su niño maravilloso: su yo esencial. No obstante, aunque parezca paradójico, su ego necesita ser lo suficientemente fuerte para abandonar su limitado control y su actitud defensiva. Necesita usted un ego poderoso que trascienda de sí mismo. Daré un crudo ejemplo: el ego es como un cohete impulsor que lo pone en órbita. Su alma se hace cargo desde allí, operando en la ilimitada extensión del espacio exterior.

La relación entre su niño maravilloso (alma) y su niño herido (ego) *debe* ser saludable antes de que pueda usted conectarse con su yo esencial. Una vez que ha recuperado usted su ego (el rescate de su dolor original o sufrimiento legítimo), está usted listo para la plena autorrealización.

En realidad, es su niño maravilloso quien lo motiva a usted a realizar el rescate de su ego. El niño herido no puede realizar el trabajo de recuperación, por estar muy ocupado defendiéndose y sobreviviendo. Cuando la vida entera es un dolor de muelas crónico, uno no pude trascender ese dolor y percatarse del mundo que le rodea. Como su niño maravilloso es su yo auténtico, siempre lo ha estado exhortando a usted a lograr la autorrealización, aun cuando su ego haya estado ignorante debido a su preocupación por sobrevivir. Carl Jung lo resume hermosamente:

El niño arquetipo es personificación de fuerzas vitales muy por afuera del alcance limitado de nuestra mente consciente... Representa el más fuerte e ineluctable impulso en cada ser, es decir, el impulso para realizarse a sí mismo.

Una vez que usted experimenta la conexión con su niño maravilloso, empieza a ver su vida desde una perspectiva más amplia. Su niño maravilloso ya no tiene que esconderse detrás de las defensas del ego para sobrevivir. Ahora puede ver las cosas desde un diferente nivel de conciencia. El niño maravilloso no es un *yo* mejor; es un *yo* diferente con una visión mucho más amplia.

MEDITACIÓN PARA REORGANIZAR SU VIDA CON SU NIÑO MARAVILLOSO

Los budistas Zen tienen un koan o acertijo tradicional que consiste en preguntarse: ¿Cuál fue su cara original? ¿La que tenía usted antes de que sus padres propiciaran su nacimiento?

Reflexione sobre esta frase antes de aproximarse a la siguiente meditación. También voy a pedirle que acepte, cuando menos temporalmente, algunas creencias que pueden no ser habituales para usted. No se pierda en una discusión sobre si realmente cree usted estas cosas. Simplemente piense y sienta como si su niño maravilloso supiera su destino antes de que naciera usted. Acepte la creencia religiosa de que usted es un espíritu encarnado. Contemple la posibilidad de que sea usted algo más que un ser vinculado al tiempo; que tiene usted una herencia divina eterna. Crea usted, junto con Santo Tomás de Aquino y los otros grandes maestros, que es usted una única expresión de Dios, El Gran Yo Soy. Considere, además, que el universo habría perdido algo si no hubiera usted nacido; que *hay algo de Dios que solamente usted puede expresar y que puede ser experimentado por otros solamente a través de usted.* Imagine que su niño maravilloso ha sabido esto todo el tiempo. En esta meditación establecerá usted contacto con su niño maravilloso y experimentará su herencia divina, el propósito de su encarnación. Una vez que usted experimente esto, estará en contacto con su yo auténtico y enfrentará su vida de manera diferente.

Le recomiendo que grabe esta meditación o pídale que un amigo se la lea. Recuerde, los puntos suspensivos significan una pausa de 10 a 20 segundos.

Primero concéntrese en su respiración. Observe su propio proceso de respiración… Experimente la sensación del aire al inhalar y exhalar… Comience a ver el número cinco a medida que exhala… Vea un número cinco negro sobre una cortina blanca o un número cinco blanco sobre una cortina negra… Si tiene usted problema para visualizarlo, imagínese a usted mismo pintando el número cinco con el dedo, o *escúchelo* mentalmente. Si es posible, haga las tres cosas. Véalo, píntelo con el dedo y escúchelo… Ahora siga el mismo proceso con el número cuatro; véalo, píntelo con el dedo o escúchelo, o haga las tres cosas... A continuación proceda de igual manera con los números tres, dos y uno (pausa larga)... Cuando vea el número uno, imagine que es una puerta. Antes de cruzar caminando esa puerta, coloque todos sus problemas y preocupaciones en una bola de cristal. Ahora entierre esa bola llena de preocupaciones. Una vez que haya terminado con la meditación puede usted recobrar sus preocupaciones... Ahora cruce la puerta y advierta tres escalones que conducen a otra puerta. Ahora imagine que pone sus escepticismos en una bola de cristal. Entierre la bola. Ahora revise su nuevo sistema de creencias. He aquí su mito "como si":

Usted fuera una única e incomparable manifestación de lo divino.

Usted tuviera un destino que *solamente* usted puede expresar a través de su ser.

No es dramático ni melodramático.

Es simplemente la diferencia que hace el que usted *esté* aquí. Es una diferencia que hace una diferencia.

Su niño maravilloso siempre ha sabido lo que es.

Su niño maravilloso puede llevarlo a usted a descubrir el propósito de su vida.

Ahora suba la escalera y abra la puerta... Encontrará usted un portal con una escalera que conduce al cielo. Comience a ver una figura rodeada de una luz azul blanca que desciende por la escalera... A medida que la figura se acerca, usted siente que es un ser amistoso y tierno. *Si la figura lo asusta, dígale que se vaya. Espere la llegada de otra imagen.* Este ser es su guía interior. Pregúntele cómo se llama. Dígale que quiere usted hablar con su niño maravilloso... Deje que él lo tome de la

mano y empiece a subir la escalera... Llegará usted a un gran
templo. Su guía lo conducirá a la puerta... Entre. Ahora usted
podra ver objetos de exquisita belleza. Diríjase a un altar alto,
donde se encuentra la estatua de un niño hermoso y precioso.
Este es el niño maravilloso de usted... Ahora la estatua cobra
vida. Abrace un momento a su niño maravilloso. Pídale que le
diga cuál es el propósito de la vida de usted: ¿Por qué estoy
aquí? (*pausa larga*)... Acepte la respuesta cualquiera que sea
ésta. Un símbolo, palabras, una fuerte sensación. Hable con su
niño maravilloso al respecto. (*pausa larga*)... Si no entiende,
asimile lo que se le ha dado. Dé las gracias a su niño maravilloso y regrese a la puerta. Su guía interior lo está esperando.
Permita a su guía interior conducirlo abajo de la escalera...
Cuando llegue al portón, haga una pausa.

Ahora, a la luz de su nueva comprensión, va usted a analizar
toda su vida, desde que nació hasta el presente. Aunque el
mensaje de su niño maravilloso no esté claro, revise su vida con
lo que usted entiende como el propósito de su vida... Ahora
regrese al momento de su nacimiento. Como si usted pudiera
ver su propio nacimiento. Desde su nacimiento, analice cada
suceso importante que pueda recordar, revíselo a la luz de su
nuevo conocimiento. Observe a la gente que está allí. ¿Los ve
de manera diferente ahora? (*pausa larga*)... Pueda ser que a
alguien que consideró insignificante, ahora lo considere más
importante (*pausa larga*)... Ciertos sucesos pueden asumir ahora
un nuevo significado. ¿Es capaz de advertir un nuevo significado en los eventos traumáticos que ha soportado usted? (*pausa
larga*)... Ahora regrese al presente. Acepte que su vida ha sido
perfecta desde el punto de vista de su alma. Ahora que ha realizado usted el rescate de su dolor original y ego, puede usted
ver desde este más alto punto. Acepte el pasado como perfecto.
Dedíquese a su propósito. Exprese su afecto por todos los que

conoce... Debe saber que todos somos niños que luchamos por la luz. Vea a sus padres como niños heridos. Observe una luz dorada y cálida rodeando a todos. Imagínese que usted acaricia y abraza a la gente que figura en su vida (*pausa larga*)... Piense en cada uno como si fueran niños que necesitan amistad y amor.

Ahora regrese al portón con la escalera que conduce al templo. Abra la puerta y descienda los tres escalones. Recupere cualesquiera creencias, escepticismo y suposiciones que quiera... Diríjase a la puerta siguiente y tome cualquier preocupación o ansiedad que desee... Inhale profundamente tres veces. Sienta que la vida regresa a sus pies mientras observa el número uno... Entonces percátese del asiento en el que está usted sentado; sienta la ropa que cubre su cuerpo mientras ve el número dos... Entonces experimente la energía en sus manos. Deje que suba por sus brazos a su cuello y hombros...

Ahora vea el número tres. Sienta que su cerebro está completamente alerta. Respire profundamente. Júrese a sí mismo que recordará esta experiencia. Dígase que recordará las imágenes, aunque no las entienda plenamente. Ahora imagine el número cuatro y despierte completamente mientras ve usted el número cinco.

Será positivo que usted considere esta meditación durante un buen tiempo. Puede suceder que con el tiempo las imágenes adquieran mayor sentido.

El guía interior y el niño maravilloso representan la sabiduría de su alma. Ésta opera en un mundo de símbolos y su lenguaje es el de las imágenes. És su alma la que habla en sus sueños. Hay que vivir y sentir las imágenes antes de poder captar plenamente su significado. Sólo acepte lo que considere adecuado para usted.

Asegúrese de compartir esta experiencia meditativa con un colaborador comprensivo y afectuoso.

LA NO IDEALIZACIÓN DEL NIÑO MARAVILLOSO

En este punto, permítanme aclarar que no creo que el niño maravilloso sea el *único modelo* de la vida auténtica. Creo, junto con Sam Keen, que hacerlo perjudicaría la dignidad de la madura existencia humana. Ser solamente un niño maravilloso equivaldría a vivir exiliado en el presente.

Un niño, no importa cuán maravilloso sea, no es más un modelo de la auténtica vida adulta que lo que un adulto es un modelo adecuado para lo que debe ser un niño. Sam Keen escribe:

> Nos volvemos humanos solamente al dejar el Edén; maduros sólo al percatarnos de que la infancia ha pasado. Adquirimos la plenitud de nuestra humanidad solamente al poseer y asumir la responsabilidad de la conciencia presente, así como todo el alcance de nuestros recuerdos y sueños. La existencia auténtica integra el pasado, el presente y el futuro.

Reorganizar mi vida con mi niño maravilloso me ayudó a comprender que todo lo que me sucedió en mi infancia, me preparó para obtener los logros presentes.

Con mi niño maravilloso como guía, puedo ver ahora que toda mi vida es perfecta. Mi familia con problemas, mi padre alcohólico y mi madre codependiente, mi pobreza: todo fue perfecto. *Fue exactamente lo que necesité experimentar a fin de realizar el trabajo que estoy desarrollando ahora.* Sin mi infancia nunca habría hecho una serie de televisión sobre familias con problemas, ni escrito libros sobre la vergüenza y sobre las familias con conductas basadas en la vergüenza. Y ciertamente no estaría escribiendo este libro, que nos pide a usted y a mí que recuperemos y seamos el ejemplo de nuestros niños interiores heridos.

CAPÍTULO 14

El niño maravilloso como *Imago Dei*

DIOS NO MUERE EL DÍA QUE DEJAMOS DE CREER EN UNA DEIDAD PERSONAL, PERO NOSOTROS MORIMOS EL DÍA EN QUE NUESTRAS VIDAS DEJAN DE ESTAR ILUMINADAS POR LA FIRME RADIACIÓN, RENOVADA DIARIAMENTE, DE UNA *MARAVILLA*, CUYO ORIGEN NO ESTA PREVISTO POR LA RAZÓN.

DAG HAMMARSKJOLD

EL SENTIDO DE LA MARAVILLA ES NUESTRO SEXTO SENTIDO, Y ES EL SENTIDO RELIGIOSO NATURAL...

D. H. LAWRENCE

SOLO SI SÓIS CONVERTIDOS Y OS CONVERTÍS EN NIÑOS PEQUEÑOS, PODRÉIS ENTRAR EN EL REINO DE LOS CIELOS.

MATEO, 18:3

Cualesquiera que sean sus creencias religiosas, es imposible estar en contacto con el niño maravilloso y no tener la sensación de que existe algo más grande que uno. Emmanuel Kant, sin duda, fue una de las mentes filosóficas más grandes de todos los tiempos; verificó la existencia de Dios contemplando la inmensidad de una noche estrellada.

Sabemos que la noche sigue al día y que las estaciones del año ocurren con regularidad. En el cosmos existe un orden. La Tierra es solo una parte infinitesimal de las interminables vastedades galácticas. ¡Uno no puede dejar de impresionarse por la *maravilla* de todo eso! El niño maravilloso es naturalmente religioso. Es infantil y cree en algo más grande que él con inflaqueable fe.

El niño maravilloso es la parte de usted que posee en forma humana el poder de la divinidad: la regeneración creativa.

EL NIÑO MARAVILLOSO COMO REGENERACIÓN CREATIVA

El niño maravillo posee todos los ingredientes naturales necesarios para la creatividad. Carl Rogers y un grupo de psicólogos y artistas estudiaron la dinámica de la creatividad. Buscaron las condiciones psicológicas necesarias para que una persona sea creativa. Encontraron que los siguientes elementos eran esenciales para fomentar la creatividad: la espontaneidad; la habilidad para vivir en el presente; la habilidad para asombrarse; la habilidad para concentrarse y la capacidad para evaluarse uno mismo. Esta última cualidad significa que uno está satisfecho de sí mismo. Esto equivale a tener un sentido de Ser Yo. Todas estas son las cualidades del niño maravilloso. Son cualidades *infantiles*. Lo *infantil* incluye lo siguiente: ser espontáneo, capaz de vivir el momento, concentrado, imaginativo, creativo, capaz de jugar, de ser alegre, de maravillarse, confiar, sufrir, amar, sorprenderse y tener esperanzas.

Una manera de que usted se ponga en contacto con el poder creativo de su niño maravilloso, es que usted personalice los mitos que describen al "bebé en el auxilio". *Descubrir un sig-*

nificado personal requiere que conozca usted cómo estos mitos han llegado realmente a su vida. En estos mitos el niño es generalmente o un ser divino o un héroe-líder que introduce el cambio y la regeneración. En algunos casos el niño será el salvador; en otros, el fundador de un nuevo orden. Para las mentes occidentales el niño en el exilio más familiar es Jesús. Dejando de lado la cuestión de la exactitud histórica de esta narración, el nacimiento de Jesús se apega al patrón del infante exiliado. Combinaciones diferentes de los mismos elementos están presentes en las historias del nacimiento de Rómulo y Remo, Sargón, Moisés, Abraham, Edipo, Paris, Krishna, Perseo, Sigfrido, Buda, Zoroastro, Hércules, Ciro y Gilgamesh, entre otros. En la mitología abunda el tema del niño en el exilio.

Los mitos representan las historias colectivas de la humanidad. Los elementos de los mitos son de carácter arquetípico. Esto significa que las historias míticas describen *patrones que cada uno de nosotros vuelve a vivir una y otra vez en nuestras vidas personales.*

¿Entonces, qué significa para nosotros el arquetípico infante en el exilio? Aparte del recuerdo de nuestro dolor de la infancia, *puede existir el recuerdo de una muy particular creatividad que es nuestro inigualable don personal.* Cada uno de nosotros es un niño divino, un héroe o heroína, un líder y un sanador en el exilio. Nuestra herida espiritual nos ha preocupado tanto, que no hemos advertido las señales que nuestro niño maravilloso nos ha estado dando todo el tiempo.

Muchos de nosotros nos encontramos confusos en la infancia. Nos sentimos agobiados por las fuerzas que nos rodeaban. Solamente nuestros instintivos elementos nos permitieron sobrevivir. Tuvimos que desarrollar falsos *yo* para que nos tomaran en cuenta. Estábamos perdidos; no sabíamos quiénes éramos.

Al recuperar a su niño maravilloso y convertirse en un ejemplo para él, usted permite que brille su luz divina. Otra vez fue Jung quien dijo: "Es el niño quien lleva la luz a la oscuridad, y la lleva delante de él".

CONTANDO NUESTRAS HISTORIAS

De muchas maneras podemos ponernos en contacto con nuestro niño maravilloso arquetípico. Escuchando las *historias* de los demás, es una manera de encontrar la profunda fuerza del niño maravilloso. Cuando escucho a la gente relatar sus historias, algo muy profundo de mi ser es tocado. Esto sucede una y otra vez. A veces me asombra la fuerza interior y la creatividad que emplearon las personas para sobrevivir a los comienzos más sórdidos y temibles. La mayoría de las veces escucho patrones muy comunes. Yo pude rescatar mi soledad como niño. Así, mi propia historia empieza a sonar más común. Una de las principales causas de que hayamos sentido pena en nuestra infancia y adolescencia fue la terrible soledad que experimentamos. La mayoría de nosotros vivió en familias donde prevalecía la regla "prohibido hablar". Consecuentemente, nadie permitía que le contáramos nuestra historia. En mis sesiones de terapia, cuando la gente se reúne en grupos de seis u ocho personas y compartimos nuestras historias de la infancia, se produce *un proceso de curación que surge de la universalidad de nuestras vidas como niños. En una forma u otra, todos somos infantes en el exilio.*

Es crucial que sepamos esto. Los adultos a menudo creen que son los *únicos* que sufrieron cuando fueron niños. Por nuestras heridas y dolor, por nuestra falta de atenciones, tratamos de concretizar las cosas. Con frecuencia nos circunscribimos a nuestro niño herido y perdemos de vista al niño maravilloso. Nos embrollamos en lo literal y perdemos de vista lo simbólico.

El arquetipo del niño maravilloso nos llama a la regeneración espiritual. Representa la necesidad de transformación de nuestra alma. El niño maravilloso nos permite conocer al mítico niño divino que aparece en el patrón del infante en el exilio. Nos lleva más allá del niño literal de nuestras historias personales. Todas nuestras historias hablan de un héroe/heroína, de un niño divino que fue exiliado y que hace un viaje para hallar su verdadero yo.

EMERGENCIA ENERGÉTICA

Según Jung, los arquetipos son parte de nuestro inconsciente colectivo. Por lo tanto, no pueden ser conocidos directamente. Por eso debemos aprender a reconocer los indicios que presagian el surgimiento del niño arquetipo. El escuchar nuestras mutuas historias nos hace evocar arquetipos muy arraigados. Otra forma en que su niño arquetípico puede estarlo llamando a usted a la regeneración y el cambio creativo, es a través de alguna especie de *emergencia energética*.

Sentimientos fuertes

La emergencia energética podría ser un sentimiento inusitadamente fuerte o penetrante. Puede manifestarse en una fuerte atracción emocional hacia algo o alguien, o podría presentarse como una poderosa sensación corporal que oculta un sentimiento reprimido. Algunos ejemplos ayudarán a comprenderla.

En una ocasión trabajé con un abogado a quien llamaré David. Era muy detallista y tenía un asombroso conocimiento de la ley. Era uno de los socios principales en una firma de abogados fundada por su padre. Los otros abogados a menudo recurrían a él en busca de ayuda. A veces pasaba horas ayudando a sus colegas a ganar demandas. Sin embargo, raras veces se le daba a David crédito por su ayuda.

Un día David comentó que había despertado de un sueño experimentando una inmensa tristeza, y que ésta había persistido durante seis días. A veces, durante ese periodo posterior al sueño, David había sollozado cerca de una hora. Esta energía emocional era harto inusitada para el más bien estoico estilo de vida de David.

Cuando le pregunté acerca del sueño, me narró una historia sobre la pérdida de muchos animales, principalmente perros y gatos. Esto le hizo recordar un juego de la infancia, olvidado hacía mucho tiempo, en el que David era un veterinario que cuidaba sus perros y gatos. Él quería entonces ser veterinario, pero su padre se opuso a la idea. Resultó entonces que la propensión de David a los detalles legales era una manera de ocultar su tristeza por no haber seguido su verdadera vocación. Ese hecho le causó una frustración tan profunda, que no se sentía con el derecho de tener algún sentimiento de tristeza. El sueño disparó la profunda energía arquetípica de David, que le pidió ponerse en contacto con su niño interior para la transformación.

Yo ayudé a David a escuchar el llamado de su niño maravilloso y de esta manera logró asistir a la escuela de veterinaria y más tarde abrió su propia clínica de animales. Tenía 36 años cuando tuvo su sueño. Ahora, 10 años después, vive feliz cuidando a sus animales. Su sueño provocó abrumadora tristeza. Y su *emergencia energética* lo condujo a escuchar la voz de su niño maravilloso. Realizar ese cambio regenerativo requirió de mucho valor. Su padre estaba horrorizado. Sus colegas creyeron que se había vuelto loco. El *viejo orden* surgía desafiando ese brote de energía del niño maravilloso. Su padre me llamó charlatán; insistió en que David estaba deprimido y necesitaba ser hospitalizado.

Todos los patrones arquetípicos estaban presentes: el niño quería ser un sanador en el orden natural y su *yo* auténtico le pedía realizar ese trabajo; la constante oposición del orden establecido; los años de dolor que pasó escondiéndose en la cueva de su tristeza; los años de lucha por encontrar su verdadero *yo*. Finalmente el niño se liberó. Y David dejó que su energía lo impulsara a la transformación creativa.

En mi vida, a menudo he experimentado una fuerte atracción emocional hacia una persona u objeto. He sentido fuerte atractivo emocional hacia ciertos filósofos. Describiré esto más ampliamente cuando hable de mi experiencia en seminarios. Varios de estos pensadores no encajaban dentro de mi currículum intelectual de esos tiempos.

En varias ocasiones he experimentado una atracción inusitadamente fuerte hacia libros poco conocidos. Mientras hojeaba libros en una librería, uno de ellos llamó mi atención. Tal vez fue el título o algún detalle de la portada. Generalmente no tengo una *razón* consciente para que el libro me atraiga. Sin embargo, siento el impulso por comprar el libro y casi siempre lo hago. Cuando llego a casa, reviso el libro y luego lo dejo sin entender claramente por qué lo quería.

Casi siempre, cuando me hallo involucrado en un nuevo proyecto, recuerdo que tengo uno de esos libros. En varias ocasiones la obra en cuestión ha sido útil para desencadenar en mí una actividad creadora. Los dos ejemplos más notables se relacionan con mi serie de televisión *Bradshaw On: The Family*, de 1985 y mi libro *Healing the Shame That Binds You*.

Varios años después de mi primera serie de televisión, me pidieron que estructurara otra serie sobre un tópico diferente. No podía encontrar un tema que realmente me emocionara. Un día revisaba mi biblioteca cuando me llamó la atención un libro titulado *The Family Crucible*, de Carl Whitaker y Augustus Napier. Había estado reposando en mi librero varios años. El libro planteaba la teoría de los sistemas familiares. Estaba escrito como una novela y describía una terapia familiar que empleaba el modelo del sistema familiar. En el pasado, los estudios sobre este tema me habían parecido demasiado clínicos y ciertamente no apropiados para un programa de servicio público a través de la televisión. El libro me conmovió mucho y me inspiró para concebir una serie basada en una exposición de las familias como sistemas generales. Después de completar la serie, me percaté de que el material de los sistemas familiares tocaba las más profundas emociones de mi vida personal. La desintegración de mi familia era un motivo de gran pena para mí. Comprendí que difundir este material tan importante era una parte fundamental de mi vida: y necesariamente ese trabajo me condujo a recuperar y a proteger a mi niño interior herido.

Cuando empecé a escribir *Healing the Shame That Binds You* (Curando la Vergüenza que te Constriñe), me sentí paralizado. No estaba satisfecho con la forma en que se presentaba la vergüenza en la literatura disponible. Nadie había diferenciado con claridad la vergüenza saludable de la nociva. Un día, deambulando por mi oficina, me percaté de un libro rojo, muy delgado, cuyo título era *Shame* (Vergüenza). Lo publicó la editorial Hazelden y el autor era anónimo. Había adquirido el libro varios años antes y me había olvidado de él. Tan luego como empecé a leerlo, el autor me impresionó profundamente. Veía a la vergüenza saludable como el guardián de nuestra humanidad. La vergüenza, alegaba, es la emoción que marca nuestra limitación humana, nuestras fronteras humanas. La vergüenza no saludable surge cuando tratamos de ser *más que humanos* o cuando actuamos como *menos que humanos*. Esta concepción era la que yo necesitaba.

Los sistemas familiares y las familias basadas en la vergüenza eran las puertas que me conducirían a mi propio niño divino en el auxilio. Dilucidar estas dos cuestiones ha sido parte de mi viaje espiritual y la obra de mi vida.

Otra manera en que los sentimientos pueden conducirnos a descubrimientos importantes sobre nuestro niño divino en el exilio, es a través de los *recuerdos corporales*. Con frecuencia, cuando ofrezco una conferencia sobre violación física o sexual, alguien en el auditorio experimenta fuertes sensaciones corporales como náuseas, dolor de estómago, dolor de cabeza, dolor en el cuello, falta de aire, pesadez, entre otras. Estas sensaciones corporales son señales energéticas que reclaman una percepción de la persona susceptible de conducir a una nueva vida. Las víctimas de violación física y sexual se separan del dolor de sus traumas a fin de sobrevivir. Literalmente dejan sus cuerpos. Sin embargo, la herida subsiste y puede aflorar en forma de sensaciones corporales cuando alguien hace referencia a tal violencia, como sucedió cuando impartía mi conferencia. El valor de esta emergencia energética es que genera que la víctima reviva el trauma doloroso. No es sino hasta después de que se expresa completamente este dolor original, cuando la persona puede recuperarse de los efectos de la violación. Sin experimentar ese sufrimiento original, no pueden encontrar ni recuperar a su niño maravilloso.

SUCESOS TRAUMÁTICOS Y DOLOR EMOCIONAL

La emergencia energética puede producirse también en respuesta a un acontecimiento traumático. Si usted se divorcia, pierde un amigo o es despedido de su empleo, la energía del cambio lo impulsa a una nueva vida. Fui testigo en múltiples ocasiones de esta situación cuando mis clientes decidían poner fin a penosos matrimonios. A menudo, mujeres víctimas de abusos, después de reunir ánimos para abandonar a sus victimarios, encontraron que en unos pocos años sus vidas se habían transformado de una manera que nunca la habían soñado.

No conozco alguna fórmula para predecir si una persona será destruida o energizada y transformada por un acontecimiento traumático. Pero sí les puedo decir simplemente que todos nosotros necesitamos darnos cuenta de que el trauma tiene un potencial bivalente: puede ser el catalizador del cambio creativo o puede ser motivo de autodestrucción. Esto depende de su valor para abrazar el dolor no resuelto que reprimió usted en el momento en que se produjo el trauma y del significado que eligió usted darle.

Es importante que revise su vida para que halle las fuerzas resultantes de sus experiencias traumáticas. Muchos de mis clientes, al realizar la meditación que describo en la pág. 285. han encontrado grandes fuerzas en pasados sucesos traumáticos.

Trauma transformador: una historia personal

En mi propia vida, lo peor que me ocurrió fue, al final de cuentas, lo mejor para mí. Terminé mis 17 años de alcohólico siendo conducido en una ambulancia al hospital estatal de Austin. Tenía entonces 30 años de edad. El alcohol me estaba robando mi potencial creador. Era la medicina que tomaba para sanar a mi niño interior herido, pero el remedio me estaba matando.

Después de que mi padre nos abandonó a mí y a mi familia, nos mudábamos de casa a menudo, viviendo la mayor parte del tiempo con parientes. Me adapté convirtiéndome en un niño muy obediente. Para cubrir mi vergüenza y dar a mi familia alcohólica un sentido de dignidad, me convertí en un Súper eficiente, obteniendo las mejores calificaciones en la escuela y siendo representante de grupo en todos los años de mi vida en la escuela elemental. Trataba de ser más que humano, identificándome con mi papel de buena gente y simpático súper eficiente. La salvaje energía instintiva de mi niño natural estaba encerrada y se esforzaba por salir. En mis primeros años de adolescente frecuentaba a varios sujetos sin padres y con hogares deshechos. Pronto me identifiqué con ellos, cubriendo mi dolor con una vida desenfrenada y orgiástica. Empecé a ahogar mi dolor y mi sufrimiento en alcohol. Las parrandas, la bebida, y la compañía de mujeres públicas caracterizaron mis años de preparatoria. Había llegado a ser menos que humano. A los 21 años me sentía atrapado y solitario. Un día encontré una salida. Podía resolver todos mis problemas si acudía a un seminario a estudiar para sacerdote católico. ¿Acaso no me habían dicho varias monjas y sacerdotes que creían que tenía vocación para la vida religiosa? Me convertí en miembro de la Orden de San Basilio. Evidentemente, asistir al seminario era un intento por curar mi herida espiritual. Era un lugar donde podía hallar salud espiritual. Pero aún no había trabajado con mi ego. Mi alma tenía sed de Dios, pero mi energía emocional reprimida me llamaba de vuelta a ella. En el seminario me convertí en un ser espiritualmente compulsivo; permanecía de rodillas rezando durante horas y ayunaba hasta el punto del agotamiento.

Al igual que muchos jóvenes, realizaba un peregrinaje espiritual, pero no me sentía libre para formular las preguntas adecuadas. No podía escuchar las señales que mi arquetípico niño maravilloso me estaba enviando. No encontraba paz interior porque no me encontraba a mí mismo.

Mi niño arquetípico me hizo estudiar la filosofía existencialista. Leí primero a Jacques Maritain. El gran filósofo, defensor de la obra de Santo Tomás de Aquino, se convirtió en uno de mis padres. Luego me atrajeron emocionalmente las obras de Dostoievsky, Kierkegaard, Nietzsche y Kafka. Todos estos hombres fueron niños heridos cuya energía arquetípica había irrumpido al exterior a pesar de ellos mismos. Son ejemplos maravillosos de lo que puede hacer el niño arquetípico. Hubo un sentido trágico en las vidas de estos hombres. Nunca hallaron la paz interior y estuvieron atormentados hasta el final de sus vidas.

Sin embargo, su niño maravilloso los hizo producir grandes obras de arte. Los más grandes artistas parecen tener este patrón arquetípico.

De cualquier modo yo me sentí atraído por esos hombres, especialmente por Federico Nietzsche. ¡Qué ironía! Estaba yo en en un seminario católico romano donde todo el mundo trabajaba sobre Santo Tomás de Aquino y yo estudiaba los escritos de Nietzsche, el filósofo que declaró la "muerte de Dios". Recuerdo lo mucho que me emocioné cuando leí por primera vez estas líneas de una de las cartas de Nietzsche:

> Si los cristianos quieren que crea en su Dios, tendrán que cantarme mejores canciones; deberán lucir más como personas que han sido salvadas; tendrán que mostrar en su semblante el gozo de la beatitud. Solo podría creer en un Dios que baila.

¡Un dios que baila! ¡Un dios alegre que celebra la vida! Qué lejos estaba esto de las lúgubres túnicas negras, el sagrado silencio del seminario y la prohibición de que los novicios establecieran relaciones amistosas. ¡De lo que menos trataba mi adiestramiento religioso era de celebraciones gozosas y bailes! Me enseñaban a mortificar la carne, la custodia de los ojos y la negación de la emoción. Por custodia de los ojos se entendía que mantuviéramos la vista baja para no ver nada que despertara nuestra lujuria. Yo era, de hecho, un prisionero absoluto del viejo orden. Dostoievsky lo expresó bien en la "Leyenda del Gran Inquisidor". Si Jesús hubiera regresado, lo habrían encarcelado. Él vino a librarnos. Eso no puede tolerarlo el viejo orden. Jesús nos exhorta a la creatividad y a ser nuestro propio Yo soy. Como ejemplo de ello dijo: "Ante Abraham, *Yo soy*". Por tal motivo lo crucificaron. El viejo orden nos crucifica a todos por expresar nuestro Yo soy y nuestra creatividad.

Me rebelé contra las fuerzas del viejo orden, contrarias a la vida. Al principio fue una revuelta intelectual. Pero mi alcoholismo me ayudó a expresarla. Una noche, cerca de las tres de la mañana, presa de un frenesí dionisíaco, corrí ebrio por los corredores del monasterio maldiciendo a las autoridades y guardianes del viejo orden. ¡Mi niño herido estaba causando una tormenta! Fui exiliado de la enseñanza por un año. Mi ordenación iba a ser demorada. Mi clase se ordenó al día siguiente de mi exilio. El orden establecido casi triunfó.

Cuando salí del hospital, me uní a un grupo de 12 Pasos que curaba el alcoholismo. Recibí ayuda. En mi maltrecho estado me vi a mí mismo en los ojos de mis compañeros, seres humanos heridos. Todos somos "niños llorando en la noche", que necesitamos el apoyo de los otros. Empecé a verme verdaderamente a *mí* mientras escuchaba a otros alcohólicos en recuperación compartir sus experiencias, su fuerza y esperanzas. Me estabilicé; encontré el espacio desde el que mi niño herido ha emergido lentamente en los pasados 25 años.

Hoy sé en lo más profundo de mi ser, que *yo soy yo*, ¡*una persona* maravillosa! Soy iracundo, rencoroso y egoísta; pero también soy amoroso, emotivo, verdaderamente creativo y aun en ocasiones me asombro de mí mismo. Lo más importante que he aprendido en mi vida es que la creatividad supera a la violación y es la respuesta a la violación. Pasó mucho tiempo antes de que me diera cuenta de cómo mi niño maravilloso me había estado guiando todo el tiempo. La energía para conocer a Nietzsche, Kafka, Kierkegaard y Dostoievski provino de mi niño maravilloso. Ahora veo por qué me identifiqué tanto con estos hombres. Se los agradezco. Son mis padres en el sentido más real. Me ayudaron a encontrarme a mí mismo.

SUEÑOS

Previamente mencioné el sueño de David. No fue su sueño en sí lo que lo llevó a descubrir las exhortaciones transformadoras de su niño maravilloso. Para David fue el largo periodo de intensa e inusitada tristeza. Pero con su sueño dio inicio el proceso.

A veces el sueño mismo puede ser la energía del niño maravilloso arquetípico. En su obra autobiográfica, *Memorias, Sueños, Reflexiones*, Carl Jung denomina a tales sueños conformadores de la vida, "grandes sueños". El propio Jung tuvo un "gran" sueño cuando tenía entre tres y cuatro años de edad, el cual lo preocuparía toda su vida. A Jung lo asombraba que un niño pequeño pudiera tener un sueño que simbolizara problemas "mucho más allá de sus conocimientos". Jung se preguntó:

¿Quién juntó lo de arriba y lo de abajo, y puso la base de todo lo que habría de llenar la segunda mitad de mi vida con tormentosa pasión?

MEMORIAS DE LA INFANCIA

Otra manera de buscar al inconsciente arquetípico consiste en evocar hechos significativos de la infancia. A veces estos recuerdos son las semillas de nuestra creatividad posterior.

Georgia O'Keeffe, la célebre pintora, comenta en su autobiografía que cuando tenía cinco meses de edad recuerda haber estado acostada en una alfombra grande observando fascinada los diseños y colores de una cobija de la casa de su tía. Ese particular diseño se convirtió subsecuentemente en el patrón básico de muchas de sus pinturas. Ella le platicó a su madre este recuerdo. Pero ésta le contesto que era imposible que tuviera recuerdos de tan temprana edad. También Georgia describió con gran detalle el vestido de su tía. *Tal parece que muchos grandes creadores iniciaron su búsqueda interior desde la infancia.* El gran paleontólogo Teilhard de Chardin cuenta que no tenía más de seis o siete años de edad cuando empezó a sentirse atraído por las rocas. Afirma que las piedras y el hierro lo fascinaban. Einstein tenía cinco años cuando le regalaron una brújula magnética. La sensación de misterio que experimentaba a la sazón, le impulsó a buscar la respuesta de los secretos del universo. Esta sensación de misterio estuvo con él durante toda su vida. Imágenes infantiles dominan en las pinturas de Picasso y Chagall. Las semillas de su creatividad yacen en su infancia.

El destacado psiquiatra infantil Frances Wickes, seguidor de la escuela de Jung, plantea la cuestión bastante bien:

> Experiencias de realidades eternas pueden acudir al niño muy joven... conforme su edad aumenta, los problemas... lo asedian. Su ego debe crecer para satisfacer las demandas de una conciencia mayor y la experiencia misteriosa puede parecer haber sido olvidada por el ego, pero la recuerda el yo...

En su obra *Memorias, Sueños, Reflexiones*, Jung recuerda un inesperado encuentro con su niño maravilloso. Tuvo esta experiencia en una época en que la vida de Jung parecía estancada. Se sentía tan confundido y desorientado que temió padecer una "perturbación psíquica". Procurando hallar la causa de su problema empezó a hurgar en sus recuerdos de la infancia. Escribió:

> Lo primero que acudió a mi mente fue un suceso ocurrido durante mi décimo o undécimo año de vida. En aquel entonces me encantaba jugar con bloques de construcción... Me asombró que este recuerdo despertara en mí mucha emoción. ¡Ah!, dije para mis adentros, aún hay vida en estas cosas. El pequeño niño sigue por ahí y posee una vida creativa de la que yo carezco.

Tras decidir que tenía que reconectarse con la energía de este niño, Jung volvió a ponerse en contacto con él y evocó sus juegos infantiles. Adquirió un juego de bloques de construcción. Experimentó mucha resistencia de su antiguo patrón de conducta pero éste cedió y empezó a construir toda una ciudad completa. Trabajó en esto todos los días después del almuerzo y en las noches. Su familia lo integró al respecto. Escribió: "Estaba seguro que me hallaba en camino de descubrir mi propio mito".

Esta experiencia resultó crucial en la liberación de la extraordinaria energía creadora de Jung, la que culminó en las teorías de los arquetipos y el inconsciente colectivo.

Hace años, mientras leía la autobiografía de Jung, recordé un incidente similar acaecido en mi propia vida. Cuando tenía yo cerca de 10 años de edad me interesé en construir modelos a escala de aeroplanos. Recuerdo haber pasado semanas trabajando en un modelo. Por primera vez y con mucho esfuerzo había armado el avión. Éste se componía de pequeñas piezas de madera de balsa y era muy delicado. Lo único que le hacía falta era pegar el papel del exterior y pintarlo. Un día, al llegar a casa después de asistir a la escuela, encontré mi aeroplano roto. Mi hermano pequeño había intentado volarlo y lo había destrozado. Lo lamenté muchísimo. Ocasionalmente pensaba en volver a armar otro aeroplano, pero nunca lo logré: 30 años más tarde tuve aún energía para completar la tarea de armar un aeroplano a escala. Era algo importante para mí. A los 39 años de edad compré el avioncito y lo armé diligentemente. A veces me dedicaba a ese trabajo hasta muy avanzada la noche. Una vez que armé el aeroplano, lo pinté y *terminé* por fin el trabajo. Me enorgulleció mucho esta tarea, aunque no me explicaba por qué sentía la urgencia de armar uno de esos juguetes.

Ahora que contemplo al periodo transcurrido después de que cumplí los 39 años, lo considero el más grande periodo de creatividad de mi vida. Había cierta energía latente en mí por no haber terminado de armar ese modelo a escala. Necesitaba terminarlo para dedicarme a otro trabajo creativo.

UNA BUENA NOTICIA

Muchos de nosotros, con familias con problemas, pasamos gran parte de nuestras vidas reciclando las conductas contaminadas de nuestro niño interior herido. Vivimos a la defensiva, tan cansados con nuestros mitos acerca de la vida, que no tenemos idea de que existe algo positivo dentro de nosotros; cada uno de nosotros es infinitamente creativo. Cada uno de nosotros posee un niño maravilloso con un gran potencial creativo. Esto se aplica a todo el mundo, no solo a los grandes pintores o músicos. Nuestra vida puede ser nuestra obra maestra. Una madre puede ser única y creativa asumiendo su función de una manera nunca practicada. Puede decirse lo mismo sobre cualquiera otra vocación o papel en la vida. Cada uno de nosotros es llamado a ser un ente inigualable único. Si empieza usted a buscar su creatividad puede hallar rastros de ella en alguna experiencia infantil.

Los adultos necesitan percatarse de que cada elemento de sus vidas es significativo para componer la historia, única, de ellos mismos. Las contaminaciones codependientes nos apartan de nuestro único Yo Soy, y olvidamos lo que significamos. Lo que estoy tratando de decir es que cada uno de los elementos que conforman su vida es especial, único. Nunca ha habido otro usted. Podríamos analizar un millón de años y nunca encontraríamos a nadie como usted. Usted debe saber lo especial que es y que todos sus recuerdos tienen importancia.

La siguiente meditación tiene por objeto ayudarlo a ponerse en contacto con uno o más recuerdos de su infancia que puedan conservar aún alguna energía creativa. Tal vez quisiera leer o releer *El Principito*, de Antoine de Saint-Exupery, antes de iniciar esta meditación. Si no tiene usted tiempo para hacerlo, le recordaré que el autor describe cómo su incipiente carrera de pintor fue destruida por adultos. Había pintado una boa constrictor que se tragaba un elefante. Los adultos que observaron su dibujo nunca vieron a la boa constrictor. Ellos creían que se trataba de un sombrero. El autor relata:

> La reacción de los adultos... fue aconsejarme que me olvidara de pintar boas constrictor... y me dedicara a estudiar geografía, historia, aritmética y gramática. Por eso fue que a los seis años de edad abandoné lo que pudo haber sido una magnífica carrera de pintor... Los adultos nunca entienden nada, y los niños se cansan de estar siempre explicándoles las cosas.

Si su creatividad fue bloqueada a temprana edad por algún adulto, practique la siguiente meditación. Puede ayudarlo a ponerse en contacto con algún recuerdo que esté allí acechando en su mente .

MEDITACIÓN SOBRE RECUERDOS CREATIVOS DE LA INFANCIA

Le sugerimos que grabe esta meditación-melodía.

Concéntrese en su respiración... Advierta lo que sucede en su cuerpo cuando inhala...Y cuando exhala... Lentamente empiece a exhalar un vapor blanco que forma el número cinco sobre una cortina negra... Si no puede ver el cinco, píntelo con el dedo... Después al exhalar vea adquirir al número cuatro o píntelo con el dedo... Sienta usted que se desvanece un poco... Manténgase despierto... Ahora exhale y vea cómo se forma el número tres o píntelo con el dedo... Ahora puede soltarse un poco más... Recuerde cuando aprendió a contenerse y soltarse... Usted aprendió a contenerse cuando comenzó a caminar... cuando aprendió a comer... Aprendió usted a soltarse cuando se columpiaba y sentía el aire mecer su cabello... Se soltó usted cuando soñó despierto por primera vez... decidió por usted mismo la hora conveniente para irse a dormir en la noche... Así que realmente sabe usted cuánto contenerse y cuánto soltarse... Así que usted puede estar perfectamente al tanto de su propia voz, la música, la sensación de su ropa en su cuerpo... de su espalda en el respaldo de la silla, el aire en su rostro... Ahora entre en un trance ligero y descansado... Sienta que todo su cuerpo se entumece... Puede usted sentir que su cuerpo está muy pesado... o tan ligero como una pluma... Ya sea que se sienta usted pesado o ligero, permita que esa sensación lo lleve a soñar... A través de ese sueño usted descubrirá un recuerdo olvidado hace mucho tiempo... Puede ser muy obvio o extraordinariamente vago... Pero ciertamente será un recuerdo de una semilla creadora...

Puede ser que ya lo esté viviendo o puede ser un recuerdo semilla que necesita usted ahora... Usted lo sabrá... Y lo que sepa estará bien para usted... Ahora tómese dos minutos, que es todo el tiempo del mundo para el inconsciente... En ese tiempo encontrará usted otro tiempo... De modo que usted puede hacerlo ahora... (una pausa de dos minutos). Cualquier cosa que sea lo que esté usted experimentando está bien para usted... Es *exactamente* donde *necesita usted estar*... Puede usted recapacitar sobre su experiencia... Usted puede saberlo ya... Puede usted tomar lo que tiene y vivir con eso varios días... Tal vez semanas... Solamente usted lo sabrá... Puede usted sorprenderse... Puede percatarse de pronto... Mirando algo, leyendo un libro, cuando camina... Acudirá a usted... Ahora poco a poco imagine el número tres y sienta sus manos y mueva los dedos de sus pies... Ahora vea el número cinco y sienta que todo su cuerpo regresa al presente... Ahora su mente está plenamente consciente, restaurada del todo su conciencia normal de vigilia... Ahora abra los ojos.

A través de esta meditación pudo haberse puesto o no en contacto con un recuerdo creativo. Pudo haber tocado un recuerdo energético aunque tal vez no sabe qué significa. Simplemente confíe en que sabrá lo que usted necesita saber.

Si ninguna de las experiencias que he descrito en este capítulo obtienen energía de su niño maravilloso, le daré algunas sugerencias adicionales que pueden ser indicios de la presencia de su niño interior:

1. Presté atención a cualesquier cosa que lo fascine. Tal vez haya algo que usted perciba, pero no sepa por qué; tal vez lo fascine algún país extranjero y sus costumbres; tal vez lo atraiga un color o un sonido.
2. Preste atención a su intuición y a sus corazonadas. Einstein a menudo reconocía la importancia de la intuición en su trabajo.

Él aseguraba que mucho tiempo antes de que hubiera elaborado sus famosas ecuaciones, las conocía en otro nivel mental con certidumbre inmediata. Aunque ninguno de nosotros es Einstein, todos poseemos intuición. La intuición ha sido descrita como "pensamiento sentido". Es casi como si usted lo sintiera más bien que lo supiera. La intuición involucra saber algo sin razón. Muchos creen que el conocimiento intuitivo proviene del hemisferio no dominante del cerebro. El hemisferio dominante piensa lógicamente y es el asiento del pensamiento lineal. El hemisferio no dominante piensa intuitivamente y es la sede del pensamiento holístico o integral. Pocos adultos que basan sus actitudes en la vergüenza y poseen un niño interior herido confían en su intuición. Nuestras vidas están tan protegidas, que actuamos en un estado de súper vigilancia enfocado únicamente al peligro que nos acecha. Nunca estamos lo suficientemente relajados para percatarnos de nuestra intuición. Tenemos la oportunidad de experimentar esta parte de nosotros después de que hemos recuperado y protegido adecuadamente a nuestro niño maravilloso.

Una vez trabajé con una mujer, quien a pesar de tener un matrimonio aparentemente estable insistía en divorciarse. Su esposo gozaba de buena posición económica, la amaba y quería que resolvieran sus problemas. Tenían seis hijos adolescentes. A mi cliente le urgía realizar su propósito y decía cosas como: "si continúo con este matrimonio nunca llegaré a ser aquello para lo que Dios me creó. Mi vida está en el límite. No puedo decirle por qué, sólo sé y siento que estoy en lo correcto". Pidió el divorcio. La tradición familiar se estremeció. Su pastor bautista se horrorizó. Su grupo de estudio de la Biblia inició una vigilia semanaria de oraciones. ¡Su esposo me culpaba a mí!

Cinco años después del divorcio me escribió. Me contó que había fundado una compañía de bienes raíces, algo con lo que había soñado desde que era niña. Tenía un ingreso cercano al medio millón de dólares anuales. Y sus hijos vivían bien. Mantenía una estupenda amistad con un hombre y era muy feliz. Se había guiado por su intuición a pesar de todas las circunstancias en contra, y su niño maravilloso había triunfado.

No siempre es fácil determinar si nuestra voz interior es verdaderamente una intuición. Puede confundírsele con los deseos. No conozco un parámetro absoluto que permita saber si es parte de su inteligencia o de su deseo egoísta. Escuche a su voz interior como si fuera una fantasía. Por lo general, sabemos qué queremos o hemos querido desde hace mucho tiempo. La intuición es generalmente algo no familiar, algo fresco y nuevo.

3. Preste atención a cualquier impulso persistente. Por ejemplo, usted siempre deseó ir a Bali o al Lejano Oriente; siempre ha querido ir en busca de tesoros, o siempre ha deseado aprender a tocar un instrumento musical, o aprender escultura o pintura. Esto no significa que usted deba inmediatamente dejarlo todo para seguir su impulso. Pero vale la pena tomarlo en cuenta. Puede usted hacer esto realizando un viaje imaginario, mirando y sintiendo cuán importante es para usted este impulso. O puede utilizar la técnica de asociación libre. Diga que siempre ha querido ir a Bali y realmente no sabe por qué. Pregúntese: ¿qué significa Bali para mí? Trace un círculo y escriba la palabra Bali en el centro de él. A continuación deje que su mente asocie libremente cualquier palabra o frase que le venga a la mente.

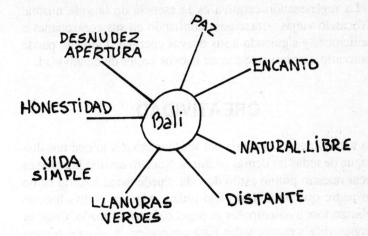

Observe las palabras que escribió alrededor de Bali y deje que la de mayor fuerza lo atraiga. Después, analícela por un momento. Trate de entender su significado. Una vez que usted crea saber su significado, trace un plan de acción y sígalo.

4. Preste atención a las personas que entren por primera vez en su vida y que parezcan atraerlo hacia un camino diferente. Mientras esa persona más interrumpa sus patrones familiares, más puede estarle ofreciendo la oportunidad de romper con las viejas tradiciones y descubrir su verdadera naturaleza. La persona puede desafiar su manera de pensar y amenazar su sistema de creencias. Ella puede parecerle fascinante porque le ha tocado las cuerdas sensibles que usted había tenido adormecidas durante años. Sin embargo, usted deberá ser cauteloso para desarrollar una relación con esta nueva persona. Pero tómelo como una posible metáfora para la autorrevelación.

La regeneración creativa es la esencia de la vida misma. Evocando viejas situaciones confiando en sus corazonadas e intuiciones y siguiendo a sus nuevas energías, todo ello puede motivarlo a arriesgarse a tener nuevos brotes de creatividad.

CREATIVIDAD

La creatividad es la gloria del ser humano. Es lo que nos distingue de todas las demás criaturas. Nuestro destino humano es crear nuestro propio estilo de vida. Puede usted hacerlo como un padre que desafía al viejo orden. Alguien podría hacerlo rehusándose a desempeñar su papel cultural asignado. Crear su propia vida requiere valor para arriesgarse a adoptar nuevas maneras de ser. La creatividad se encuentra estrechamente relacionada con el éxito. Según yo, el éxito consiste en hacer lo que uno quiere con su vida. Joseph Campbell, tal vez el más grande maestro que se haya dedicado a analizar el significado de los mitos, llamó a hacer lo que uno quiere con su propia vida *hallar la felicidad.* Para esto se necesita valor, para ensayar nuevas cosas y detenerse o avanzar cuando éstas no nos dan resultado. Para esto, necesitamos la espontaneidad, la flexibilidad y curiosidad del niño maravilloso. Cuando tenemos el valor de alentar deseos conforme a nuestra propia estrella, ofrecemos al universo algo nuevo. En su poema "The Love Song of Alfred Prufrock" (La Canción de Amor de J. Alfred Prufrock), T. S. Eliot pregunta: "¿Me atrevo a perturbar al universo?" Ciertamente, cada estilo de vida que se logra crea al universo de nuevo.

Ser creativo no es solo una gloria humana, es nuestra verdadera imagen de Dios. Crear es ser *como* nuestro creador en el más auténtico sentido de la palabra. La creatividad nos da la oportunidad de moldear nuestras vidas como nuestra propia obra de arte. Al hacerlo ayudamos a crear los patrones de toda la vida humana futura. Como lo dijo James Joyce:

> ¡Bienvenida, oh, vida! Voy a encontrar por millonésima vez la realidad de la experiencia y a forjar en el yunque de mi alma la no creada conciencia de mi raza.

Al nacer, usted adquirió un derecho, el de ser creativo. Por favor, hágalo valer.

294 / Epílogo

EPÍLOGO

¡A casa, Elliott, a casa!

Millones de personas se entusiasmaron con la película *E.T.*
Cuando grandes multitudes expresan tanta energía por algo, a
menudo existe un profundo patrón arquetípico que fue agitado.
Una escena tocó especialmente nuestro inconsciente colectivo.
Cuando el abandonado E.T. murmura: "a casa, Elliott, a casa",
sus palabras evocan el símbolo exacto de nuestros profundos
anhelos arquetípicos. Cuando E.T. murmuró: "a casa, Elliott, a
casa", millones de personas de todas las edades en todas las
culturas, lloraron.

Lloramos porque todavía somos infantes divinos en el exilio.
No importa cuán duro trabajemos para recuperar y proteger a
nuestro niño interior, de cualquier modo existe un vacío en todos
nosotros. Yo lo llamo "la tristeza metafísica".

Sin duda, hay regocijo cuando recuperamos y protegemos a
nuestro niño interior herido. Para muchos de nosotros, hallarlo
es como encontrar el hogar por primera vez. Pero no importa
cuán seguros y cuán conectados lleguemos a ser, hay un *viaje
tenebroso que todavía tenemos que realizar*. Tan temible como

es, sigue habiendo una añoranza por él dentro de todos nosotros. Porque no importa cuán completamente alcancemos nuestras metas y sueños terrenales, siempre experimentaremos una leve desilusión. Tanto así que aun después de Dante, Shakespeare y Mozart, decimos: ¿Es esto todo?

Creo que este sentido de desilusión surge porque todos tenemos otro hogar al que, colectivamente, pertenecemos. Creo que provenimos de lo más profundo del ser, y el ser nos pide que regresemos. Pienso que venimos de Dios, y todos pertenecemos a Dios. No importa cuán bien marche todo, todavía no estamos en casa. El niño herido San Agustín bien lo dijo: "Nos has hecho a tu semejanza, ¡oh! Señor, y nuestros corazones permanecerán sin descanso hasta que ellos reposen en Ti". Finalmente, ése será nuestro verdadero regreso al hogar.

Esta edición se imprimió en Febrero de 2012 Impre Imagen
José María Morelos y Pavón Mz 5 Lt 1 Ecatepec Edo de México.